경험이 언어가 될 때

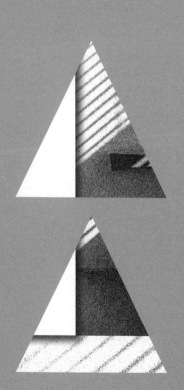

채석장 그라운드
경험이 언어가 될 때

제1판 제1쇄 2023년 1월 3일

지은이 이소진
펴낸이 이광호
주간 이근혜
편집 최대연 김현주
마케팅 이가은 허황 이지현 맹정현
제작 강병석
펴낸곳 ㈜문학과지성사
등록번호 제1993-000098호
주소 04034 서울 마포구 잔다리로7길 18 (서교동 377-20)
전화 02)338-7224
팩스 02)323-4180(편집) 02)338-7221(영업)
대표메일 moonji@moonji.com
저작권 문의 copyright@moonji.com
홈페이지 www.moonji.com

ISBN 978-89-320-4113-1 03330

경험이 언어가 될 때

이소진

문학과지성사

차례

들어가며

돌이켜보면 비슷한 일들은 비슷한 시기에 일어나 인생의 방향을 결정짓는다. 나의 경우에는 20대 중반에 그런 일들이 연이어 발생했다. 휴학 없이 4년을 내리 다녔음에도 구멍 난 학점을 메워야 했던 나는 곧바로 졸업하지 못해 당장은 돈을 벌어야 했고 나 자신의 생계를 책임져야 했다. 대학 시절 내내 내가 했던 일이라곤 학생운동뿐이었지만 나는 단과대 학생회장을 하면서 너무 지쳐 있었고 운동은 더 이상 거들떠도 보기 싫었다. 그렇다고 학창 시절 내내 나를 괴롭혔던 객관식 시험으로 돌아가고 싶지도 않았고, 그냥 취업을 하자니 내가 가진 거라곤 영어 점수뿐이었다. 지금 이 상황에서 취직을 하려면, 나는 중소기업에 들어가야 했고 나의 미래를 위해 나자신을 갈아 넣어야 했다. 하지만 그 당시 나는 너무 지쳐 있었고, 지금도 그렇지만 그때도 나는 오랜 시간을 일해야 하는 삶을 받아들이기 어려웠다. 누구를 위해? 자본가를 위해? 나를, 갈아 넣어야, 한다니.

그래서 고민 끝에 드라마 작가를 준비해보기로 했다. 사실 소설가가 되고 싶었지만, 나는 소설을 쓸 수 있을 것 같지 않았다. 나는 글을 쓸 때면 늘 지나치게 감정적이고, 사소한 것에 집착하고, 그래서 늘 예민하고, 폭력을 직시하지 못해 보편적인 인간의 괴로움을 포착해내지 못한다는 한계를 지적받았다. 그런 사사로운 글은 순수문학이 아니었다. 부분적이었기에 인정받지 못했고 주변화되었다. 하지만 드라마 세계에서 이는 강점이 되었다. 동일한 스토리라 하더라도, 세상을 보는 편파적 시각은 곧 따뜻한 시선이 되었다. 그래서 나는 드라마를 쓰기로 했다. 정확하게 말하자면, 페미니즘 드라마를 쓰기로 했다.

그리고 이즈음, 내가 페미니즘 드라마를 쓰겠다며 팔랑거리는 마음으로 이것저것 시도하던 그때, 나는 한편으론 헤어진 애인에게서 지속적으로 폭언을 듣고 있었고, 졸업을 위해 잠시 돌아간 학교에서는 성폭력 사건들이 발생해 이를 해결해야 했다. 강남역 살인사건이 터지고 얼마 되지 않았던 시기였기에, 경험이 있는 페미니스트라고는 나뿐이었고 그래서 사건은 내 몫이 되어야 했다. 사실 그때의 일들은 엉킨 실타래처럼 뭉쳐 있어 나는 시간의 순서를 잘 기억하지 못한다. 언제 그랬는지, 무슨 일이 먼저 일어났는지, 누구와 함께 있었는지 기억나지 않는다. 그저 몇 가지 에피소드로, 아 참 그런 일이 있었지, 하고 기억해낼 수 있을 뿐 누군가 내게 시간 순서대로 퍼즐을 나열하라고 한다면 나는 아마 한참을 갸웃댈 것이다.

그전까지만 해도 나는 내가 겪은 일들에 대해 상세히 기

8

억해내곤 해서 친구들의 놀라움을 사곤 했다. 나는 내가 겪은 일을 드라마처럼 기억했다. 머릿속에서 몇 편의 드라마들을 재생할 수 있었다. 내가 한 생각들의 내레이션까지도 나는 대사를 떠올리듯 기억했다. 모든 대사와 풍경과 날씨를 기억했다. 내가 무슨 옷을 입고 있었는지, 그때 누가 무슨 말을 했는지 기억했다. 그래서 한 번 갔던 길도 곧잘 찾아냈다. 외운 것이 아니었다. 그저 처음 그 길을 걸었던 그날의 풍경을 기억하고 있었을 뿐이다.

하지만 그 일련의 사건 이후로 나는 기억을 잘 하지 못하게 되었다. 내가 내 능력을 저주했기 때문이다. 나는 나를 믿을 수 없었고, 그러지 않기 위해 노력했지만 이따금씩 나는 나를 혐오했다. 그 시발점은 데이트폭력이었다. 내가 애인과 헤어지고 그에게 지속적으로 폭언을 들었을 때, 나는 내가 당하고 있는 이 일들이 폭력이라고 생각하지 못했다. 감히 그렇게 생각할 수 없었다. 중학생 때부터 페미니스트로 살아온 나는, 폭력을 당할 만큼 약하지 않다고 생각했다. 그럴 리가 없다고 확신했다. 친구들과 술을 마시고 학교 앞 상점가를 걸으며 처음으로 그 전화를 받았을 때 나는 그가 나에게 왜 욕을 하는 것인지 알지 못했고, 그 이유를 알고 싶었다. 나는 욕을 하지 말라며 그를 타일렀지만 그는 막무가내였다. 어안이 벙벙했다. 통화가 끝나고 옆에서 듣고 있던 친구가 내게 그의 행위가 '폭력'임을 지적해주었지만 나는 대수롭지 않게 여겼다. 한 번으로 끝날 일이라고 생각했기 때문이다. 술에 취해서 그런 것이다, 내일 아침이면 자신이 한 일을 깨닫게 될 것이다, 미안하다고 말할 것이다, 설령 그러지 않더라도 미안하게 여길 것이다. 그러나 그 후로도 그는 나를 멍청하다고 비난했고, 내가 여러 남자들을 만나고 다닌다며 여성들을 비난하는 속된 말로 나를 욕했고, 때로는 사랑한다고 미안하다고 말했고, 이따금씩 우리를 그리워했다. 너도 내가 보고 싶지 않았냐고 빙글빙글한 얼굴로 내게 말했다. 그와 마주하고 있노라면, 그의 말을 듣고 있노라면, 내가 그를 보고 싶어 했기 때문에, 나를 위해서 그가 나를 만나러 와준 것만 같았다. 아니라고, 아니라고, 아니라고 몇 번이나 말했지만 그는 단 한 번도 내 말을 곧이곧대로 듣지 않았다. 그에게 나는 그의 것이었고, 스스로 생각할 수 없는 존재였고, 그래서 그만이 나를 정의할 수 있었던 것이다.

시간이 흐르고 내가 이 사건을 폭력이라 인식하게 되었을 때, 나는 그에게 공식적으로 문제를 제기하려 했지만 결국하지 못했다. 거의 모든 사람들이 이 일을 헤어진 연인에 대한 미련이라 생각했기 때문이다. 내가 쓴 진술서를 읽고 어떤 페미니스트는 이 사건을 조사하려면 사실관계를 따져야 하고 그 과정에서 내가 다칠 수도 있다면서 나를 만류했다. 그때는 이렇게 말하는 사람들이 나를 생각해준다고 여겼으나, 돌이켜보면 나는 내가 해결한 사건의 피해자에게 단 한 번도 그런 식으로 말한 적이 없었다. 나는 피해자들에게 사실관계를 따져야 하고, 그 과정에서 당신이 다칠 수도 있지만, 나는 당신의 편이고, 당신이 더 많은 상처를 받지 않게 하기 위해 노력할 것이라 말했다. 그리고 나는 당신이 이 폭력을 그저 지나치지 않고 드러내기를 바란다고 말했다. 그러나 혹 당신이 이 피해를 모두에게 말하지 않는다고 하여 당신을 비난하지는 않을 것이며, 그 또한 당신의 선택임을 존중할 것이라 말했다.

　　나도 그런 말을 들었어야 마땅했다. 그러나 나는 그런 말은 듣지 못했다. 이렇게 모두 내가 아닌 그를 동정했다. 동정의 언어는 때로는 노골적이었고, 때로는 나에 대한 연민과 걱정의 탈을 쓰고 있었으나 내가 느끼기에 진실로 그들이 걱정하는 사람은 내가 아닌 그였다. 너를 얼마나 사랑하면 그랬겠느냐는 것이 그들이 말하고자 하는 요지였다. 그들에 따르면, 나는 전화를 받지 말았어야 했다. 욕을 시작하면 전화를 끊었어야 했다. 무시했어야 했다. 만나주지 말아야 했다. 그러나 내가 듣기로 그 말들에 생략되어 있는 말들은 이랬다. 너는 전화도 받지 않았냐. 그의 푸념을 다 들어주지 않았냐. 술도 같이 마셔주지 않았냐. 만나주지 않았냐. 너도, 즐기지 않았냐. 너가 그를 사랑하기 때문에.●

　　●　　당시 나는 '그를 무시하라'는 주변의 조언(?)에도 불구하고 학내외의 모든 행사에 참여했다. 그때도 나는 되도록 그와

소문은 그렇게 내 등 뒤에서 내가 잊어버릴 때쯤이면 다시 나타나 내가 아닌 그를 위로했다. 나는 이 모든 말들에 무어라 대꾸해주어야 할지 알지 못했다. 지금은 단 한 줄의 문장으로도 정리할 수 있는 그 심정을, 그때는 말하지 못했다. 나와 몇몇 친구들을 제외한 많은 사람들이, 한때는 나의 친구라 믿었던 그 사람들이 그를 비호하고 있었으므로 나는 자주

마주치고 싶지 않았으나, 그와 마주치지 않으려면 학교 활동을 전부 그만두어야 했다. 동시에 나는 페미니스트로서 연애가 끝나면 '왜 여성들만 사라져야 하는지'에 대해 문제의식을 갖고 있었다. 그래서 그의 참석 여부와 관계없이, 되도록 많은 행사에 참여했다. 이런 나에게 많은 친구들은 그를 말리거나 제지하기보다는(그는 아무리 말해도 듣지 않는 사람이기 때문에) 나의 참석을 막으려 했다. 몇몇 친구들에게 '굳이 왜 와서 분란을 만드느냐'는 불평을 들을 때마다 나는 페미니스트로서 어떻게 행동해야 할지 늘 생각했다. 그러나 언제나 그런 고민의 끝에 나는 그의 존재로 인해 내 이동권이 제한되는 것은 옳지 않다고 결론지었고, 그래서 나를 조롱하는 그와 마주치는 것을 피하기보다는 맞서기를 선택했다. 지금도 나는 이유 없이 내가 활동했던 모임에서 배제되고 있는데 내가 그 모임에 참석하고 싶었느냐 아니냐와 관계없이 나에게 선택권 자체도 주어지지 않는 상황이 문제라 생각한다. 내가 이 얘기를 꺼낼 때마다 많은 사람들은 '그래서 가고 싶다는 거야?'라며 옳고 그름의 문제를 나의 선호의 문제로 축소시킨다. 그러면서 이 문제를 '그에 대한 나의 복수심'으로 환원한다. 하지만 내가 보기에 내가 그 모임에 참석을 하고 싶은지 아닌지는 중요치 않다. 이미 그의 존재 자체와 그를 감싸고 있는 여러 친구들로 인해 나의 욕망은 제한되었고, 알 수 없는 것이 되어버렸기 때문이다. 나는 내가 가고 싶지 않다 하더라도, 나에게 선택권이 주어져야 마땅하다고 생각한다. 더 넓게는, 그가 아닌 내게 먼저 참석 여부를 묻고 나를 기준으로 그의 참석 여부를 판단해야 한다고 생각한다.

나 자신을 되돌아보아야 했다. 내가 정말 그를 사랑했기 때문에 그를 만났던 건가? 그래서 그 전화를 받아준 것인가? 사랑한다면 이해해주어야 하는 것인가? 내가 잘못한 것인가?

돌이켜보면 그때는 매일 그런 생각을 했던 것 같다. 내가 당한 것이 성폭력일까? 성폭력이 무엇일까? 따지고 보면 성희롱●에 가깝지만 이게 희롱이 맞을까?◆ 희롱당한 것은 아니지 않나? 내가 겪은 폭력은 어떤 성폭력일까? 사람들은 왜 사랑이라고 할까? 사랑과 폭력은 어떤 차이가 있나? 내가 그

● 성희롱은 sexual harassment(섹슈얼 하레스먼트)를 번역한 말로, 한국에서는 "성적 행위, 즉 불쾌한 성적 접근에 응하기를 요구하는 행위, 기타 성적인 성격을 가지는 일체의 언동을 포함하는 것"으로 설명된다. 그러나 미국에서 sexual harassment는 남성과 여성 간의 불평등한 성별 권력관계 위에서 발생하는 것으로, 원치 않는 성적 접근, 성별에 의한 괴롭힘, 성적 강요 등을 포함하는 성차별의 일환이다. 그런데 한국에서 '성희롱'으로 번역되면서, 성적인 발화로 의미가 축소되었다(이원희·이소라·변섭, 「성적괴롭힘(성희롱) 관련 법적 쟁점」, 『노동법포럼』 25권, 2018, pp. 123~51). 현재는 이에 대해 지속적으로 문제 제기가 이루어져, 성희롱이라는 말 대신 '성적 괴롭힘'이라는 말이 쓰이고 있다.

◆ 당시에 나는 성희롱이라는 말을 둘러싼 의미의 각축에 대해서는 전혀 아는 바가 없었으므로 이런 의문을 가질 수밖에 없었다. 그가 성적인 의미가 내포된 비속어로 나를 비난하기는 했으나 성적 접촉에 응하기를 요구한 적은 없었기 때문이다. 그럼에도 나는 내가 겪은 폭력이 동등한 인간관계에서 발생할 수 없는 종류의 것이라 인식하고 있었고, 남성과 여성이라는 권력관계 위에서 발생한 폭력이라 생각했기에 성폭력의 언어들 안에서 그것을 의미화하기 위해 고민했다.

를 정말 사랑하기 때문에 이렇게 행동하는 걸까? 언어폭력은 어떻게 입증할 수 있나? 많은 의문들이 꼬리에 꼬리를 물고 내게 당도했다.

사건을 해결할 때도 비슷한 생각을 했다. 나는 피해자에게 어떻게 행동해야 하는가. 사건을 어떻게 해결해야 우리 모두가 상처받지 않을 수 있는가.[1] 많은 말들이 난무하는 동시에, 많은 진실이 파편적으로 존재하는 그 역동 속에서 나는 어떤 행동을 했어야 했는가. 나는 지금까지 도대체 페미니스트로서 어떻게 살아왔기에 이런 질문들에 응답하지 못하는가. 동시에 드라마를 쓸 때면 그런 생각을 했다. 페미니즘 서사란 무엇인가. 나는 도대체 무슨 페미니즘 드라마를 쓰고 싶은 건가. 여성 히어로 같은 캐릭터를 만들면 혹은 성폭력, 임신중지 등의 여성 이슈를 풀어내면 페미니즘 서사인가? 아니지 않나? 그보다는 어떻게 풀어가는가를 통해 드러내야 하는 게 아닐까? 어떻게 이해해야, 어떻게 풀어내야, 어떻게 이야기해야 페미니즘인가?

당시 나는 이런 질문들에 대답하지 못했고 페미니즘에

●　　공동체 내에서 성폭력이 발생했을 때, 많은 피해자는 법적으로 해결하기보다는 공동체 내에서 성폭력 사건을 해결하고자 하는데, 이 과정에서 피해자를 포함하여 사건에 직간접적으로 개입된 많은 사람들이 서로의 말과 행동에 상처받는다. 나 또한 사건을 해결하는 과정에서 나의 미숙함으로 인해 많은 이들에게 상처를 주었고, 또 상처를 받았다.

대해 별로 아는 것이 없다는 사실을 인정해야 했다. 줄곧 나는 페미니즘에 대해 '안다'고 생각했지만, 실상 아는 것이 별로 없었다. 나는 내가 여성으로 태어났고, 여성으로 만들어졌기 때문에 특별히 페미니즘을 많이 공부하지 않아도 페미니즘을 체화하고 있다고 과신했다. 하지만 일련의 사건을 통해 내가 깨달은 것은, 내가 나의 경험도 해석할 수 없을 정도로 페미니즘을 잘 모른다는 사실뿐이었다.

나는 그런 궁금증을 가진 채로 여성학과에 입학했다. 나는 페미니즘이 무엇인지 알고 싶었다. 페미니즘 드라마를 쓰기 위해서는 페미니스트답게 산다는 것이 무엇인지도 알아야 했다. 이 책은 그러한 사유의 결과다. 크게 두 줄기로 구성된 이 책은 우선 페미니스트로서 세상을 바라본다는 것이 어떤 의미인지 '어디까지나 내가 이해한 방식대로' 설명한다. 좀더 학문적인 용어로는 '페미니스트 인식론'이라 한다. 페미니즘은 단순히 여성과 남성이 차별을 받고 있고, 그러한 차별을 시정하려 한다는 생각에서 나아가야 한다. 기존 학문에 단지 여성을 추가한다고 해서, 여성을 차별하고 있는 지금의 남성중심적 구조가 바뀌는 것은 아니기 때문이다. 이를 극복하기 위해서는 지식을 생산하는 과정에 대한 전면적인 수정이 필요하다. 그리고 그 시작은 그러한 인식체계에 익숙해져 있는 나 자신을 되돌아보는 일이다.

두번째 줄기는 이러한 관점에서 내가 세상을 바라본 결

과다. 총 3장으로 구성된 파트 2에서는 페미니스트로서 내가 노동을 연구하면서, 또 자본주의를 비판하면서 교차시키고 싶었던 세부 주제들을 이야기한다. 우선, 각 장들의 중심 소재는 '×(곱하기)'로 연결되어 있다. 이는 내가 각 소재들을 단순히 연결하기보다는 교차하고 있음을 드러낸다. 각 소재들은 남성중심적 자본주의 사회에서 깔끔하게 분리되는 개념이 아니라 서로가 서로를 규정지으며 연결되는 개념들이다. 예를 들어, 4장에서 나는 계급과 여성을 더하는 것이 아니라 교차시키면서 생물학적 여성에 치중되어 있는 페미니즘의 일부 흐름을 비판하고자 했다. 5장은 '자본×시간'이다. 대체로 우리는 시간을 영원불멸한 절대적인 것이라 인식하지만 시간은 자본주의 안에서 비로소 중요한 자원으로서 자리매김하며 지금의 지위를 획득했다. 나는 시간이 어떻게 자본주의 사회에서 측정되고 인식되는지를 보여주면서 자본주의 비판에서 시간을, 그리고 점점 더 빨라지고 있는 시간의 가속을 중요하게 다루어야 함을 지적하고 싶었다. 마지막 6장은 '생산×소비'다. 나는 최근 나의 저작에서도 "생산과 소비는 거울상"으로 이루어져 있음을 지적한 바 있다.[2] 이 사유를 조금 더 발전시켜, 나는 소비의 민주화가 계급불평등을 효과적으로 은폐하면서 다시 생산을 강화시키고, 동시에 이러한 소비의 민주화가 (더 많은 돈을 위해, 더 많은 소비를 위해) 투자하라는 명령으로 확장되어 개개인에게 빚을 내도록 장려

해 이윤을 획득하는 신자유주의 금융화 메커니즘을 지적해
보고자 했다.

모든 지식은 부분적이다. 일찍이 페미니스트 이론가 해러웨
이Donna J. Haraway는 보편주의와 상대주의라는 이분법을 비
판했다. 그는 어떤 사람이 어떤 상황에서 어떻게 인식하는지
를 드러내지 않는 보편적 지식의 개념에 저항하여 인식자의
특정한 사회문화적, 역사적 위치를 강조하는 "상황적 지식"
에 기반한 "부분적 시각"을 가져야 함을 주장했다. 상황적 지
식이란, (어떤 한 개인이 신이 우리를 내려다보듯 한 번에 전
체적으로 파악할 수 없으므로) 부분적이고, (부분을 볼 수밖
에 없다는 점에서) 우리가 어디에 서 있는지와 같은 우리의
위치에 기반하며, (어떤 몸으로 살아왔느냐에 따라 인식의
틀이 달라지므로) 몸과 분리되지 않는 지식을 의미한다. 따
라서 상황적 지식의 부분적 시각은 상대주의와 보편주의 둘
중 하나를 선택하는 것이 아니라, 보편주의와 상대주의를 스
펙트럼으로 볼 때 그 중간 어딘가에 자리 잡는다.[3]
　　이 책은 이러한 인식론을 기반으로 하는 학술 에세이다.
따라서 엄밀하게 내 생각을 입증하기보다는 보다 논쟁적일
수 있는 생각들을 쉽게 설명하는 데 방점을 둘 것이다. 나는
이렇게 살아가려 노력하고 있습니다, 정도로 받아들여 준다
면 좋겠다. 이 책은 내가 여성으로서 살아온 짧다면 짧고 길

다면 긴 시간 동안 내가 나답게 살아가기 위해 생각해온 것들의 집합이다.

내가 이 책을 쓰면서 염두에 둔 몇 가지 글쓰기 규칙이 있다. 첫째, 이전 책과 마찬가지로 쉽지만 어렵게 쓰고자 했다. 페미니즘은 기존의 지식체계에 문제를 제기하기 때문에, 기존의 지식에 익숙해져 있는 사람들에게 좀처럼 쉽게 다가갈 수 없다. 그래서 많은 글들이 어떤 사람들에게는 다가갈 수 없을 만큼 어려운 것 또한 사실이지만, 나는 쉽게 쓰고자 한다. 하지만 동시에 사람들이 이해할 수 있을 정도 내에서 어렵게 쓰고자 한다. 내게 페미니즘은 실천적 학문이기에 자신의 삶과 동떨어져 존재할 수 없다. 따라서 나 그리고 우리는 많은 사람들이 페미니즘적으로 살아갈 수 있도록 설득해내야 한다. 자신의 삶을 되돌아볼 수 있도록, 다양한 상상을 할 수 있도록 그들의 사고에 균열을 내야 한다. 그래서 나는 어렵지만 쉽게, 쉽지만 어렵게 글을 쓰려고 노력했다.

둘째, '나'를 드러내는 글쓰기를 하고자 노력했다. 'I(나)'라는 주어를 사용하는 영어권과 달리 한국에서는 주어가 드러나지 않게 글을 쓸 수 있다. 그래서 많은 글들은 주어(인식하는 사람)를 생략한다. 그러나 나는 글에서는 반드시 누가 그렇게 생각하는지 드러나야 한다고 생각한다. 내가 생각하는 것이고, 내가 주장하는 것이지 그것이 인간 보편의 생각은 아니기 때문이다. 진리도 아니다. 그저 나의 주장일 뿐이고 생각일 뿐이다. 그래서 나는 되도록 글을 쓸 때, '나는' 혹은 '내가'라는 말을 쓰려고 노력한다. 이렇게 함으로써 나는 읽는 사람에게 비판의 여지를 열어두고 싶다.

셋째, 되도록 한국어로 읽을 수 있는 저작들을 중심으로 글을 쓰고자 했다. 그래야 내 책을 읽은 독자들이, 내 주장을 뒷받침하고 있는 저작들을 쉽게 찾아보고 읽어보며 자신의 인식을 확장할 수 있기 때문이다. 어떤 사람들은 "요즘 영어 누가 못해"라며 누구나 영어를 할 수 있게 되었다고 생각하지만, 내가 보기에 아직 많은 사람들은 영어를 '잘' 하지 못한다.● 나 또한 영어를 그렇게 능수능란하게 쓰지 못한다. 초등학생 때부터 지금까지 영어를 보아왔지만, 나에게도 영어는 매우 어렵고 그래서 사실 '읽고야 말겠어'라는 큰마음을 먹고 덤벼야만 읽어낼 수 있다. 그런데 내가 영어로 쓰인 원서를 중심으로 나의 의견을 설명하면, 많은 사람들이 내가 참고한

● 영어가 우리의 모국어가 아니기 때문이기도 하지만, 영어라는 언어가 원체 복잡해서 사실 모국어인 사람들도 읽고 쓰는 것을 어려워한다. 그래서 미국에서 나고 자란 사람도, 배운 사람과 배우지 못한 사람 사이에 사용하는 단어가 다르고 자주 어떻게 읽는지 혹은 쓰는지 모르며 서로 간에 구사하는 언어에서 차이가 난다. 그러나 한국어의 경우에는 한자어 습득 정도나 시대에 따라 다소 차이가 있긴 하지만, 영어에 비해 사용하기 쉽고 그래서 한국은 문해율(글을 읽고 쓸 수 있는 사람의 비율)이 다른 언어권에 비해 높은 편이다.

글을 읽을 수 없을 것이고, 결국 이 주장이 어떻게 구성된 것인지 알지 못하게 된다. 이는 읽는 이로 하여금 질문을 던지지 못하게 가로막음으로써 우리의 사고를 변화시키는 데 큰 장애물이 된다. 그래서 되도록 국내 학자의 책이나 해외 학자라 하더라도 한국어로 번역된 책을 인용했으니 더 많은 생각이 궁금하신 분들은 책 끝에 달린 주를 참고하여 더 많이 읽어주시기를 당부한다. 또한 언제든 나에게 하고 싶은 이야기가 있다면 저자 소개에 쓰여 있는 나의 이메일로 당신의 이야기를, 혜안을, 비판을 나누어 주시기를 부탁한다. 나는, 그리고 우리는 더 많은 이야기를 나누고 논쟁할 동료가 필요하다, 반드시.

삶을 살아가면서도 나는 스스로에게 많은 질문을 던진다. 무엇이 중요한 질문인지 내가 그때마다 알 수 있는 것은 아니므로 온갖 잡다한 질문을 다 던진다. 몸이 아플 때면, 내가 아프다고 인식하는 것인지 내가 공부하기 싫어 아프다고 과도하게 판단하는 것인지 고민한다. 누군가와 대화하기 불편해질 때면, 내가 도대체 어떤 말들에 불편함을 느끼는 것인지 고민한다. 엄마는 늘 나에게 "너는 너무 깊게 생각해서 몸이 안 좋은 거야"라고 말하지만, 나는 늘 "그게 내 일이야"라고 응수한다. 연구자인 내게 질문을 던지는 행위 자체가, 나를 존재하게 하는 이유가 되기 때문이다.

나는 어떤 누구라도 소외된 세상을 바라지 않는다면, 그런 관점에서 페미니즘을 지지한다면, 질문하기를 게을리해서는 안 된다고 생각한다. 내가 어디에 발 딛고 서 있는지, 내가 그로 인해 누군가의 고통에 무감한 것은 아닌지, 내가 느끼는 감정이 어디에서 비롯된 것인지, 무엇 때문에 그렇게 느끼는지, 어떠한 감정을 느끼는 것이 합당한지, 우리가 어떤 문제를 제기할 수 있는지, 어떻게 제기하는 것이 좋은지, 어떻게 하면 더 많은 사람들을 설득해낼 수 있을지 치열하게 질문하고 치열하게 답해야 한다고 생각한다.

페미니스트로 산다는 것은 내가 못난 사람일 수 있다는 단순한 사실을 인정하는 것에서 시작한다. 내가 나만의 생각에 갇혀 누군가에게 상처를 줄 수 있다는 것을 받아들이는 것에서 시작한다. 그리고 서로가 이 과정에서 실수할 수 있다는 것, 누군가를 상처 낼 수 있다는 것 또한 인정하고 받아들여야 한다. 그리고 잘못한 일이 있다면 사과해야 한다. 어렵고 어려운 일이지만, 항상 그러한 신조를 지키며 살아내기란 어려운 일이지만 그럼에도 그렇게 살고자 나는 노력하고 있다.

그와 동시에 나는 여전히 피해자다. 나는 지금도 종종 꿈을 꾼다. 몇 년이 흐른 지금도 나는 진정한 사과를 받고 싶기에, 꿈속에서도 거의 사과를 구걸한다. 그는 늘 빙글빙글 웃으면서 나의 요구를 조롱하고, '그를 사랑하기 때문에' 내가 아직도 과거에서 헤어나지 못하고 그의 사과를 받고 싶어 한다고 생각하면서, 나에게 우리의 미래를 상상하도록 강요한다. 꿈속에서 그는 간혹 나에게 '미안하다고 했잖아'라고 말하지만 폭력에 대한 사과는 '미안하다'는 한마디 말로 종료되지 않는다. 피해자에게는 세세한 명세서가 필요하다. 자신이 무엇을 잘못했는지, 그게 왜 잘못이라 생각하는지, 그때는 왜 그랬는지, 그동안 무슨 생각을 하며 살아왔는지, 지금은 어떻게 생각하는지, 앞으로 어떻게 행동할 것인지에 대한 구구절절한 명세서가 필요하다. 하지만 나는 그때나 지금이나 여전히 그러한 사과를 받아본 적이 없고 그래서 지금도 나는 '왜 그랬는지' 궁금하다. 그리고 이 궁금증이 바로 유일하게 나의 과거가 나의 발목을 붙잡고 있는 현재다. 몇 년이 지난 지금도, 나는 그가 참석하고 있는 모임에서 이유 없이 배제되고 있다. 나는 내가 응당 참석해야 마땅한 모임에 초대받지 못하고 있다. 그리고 그 누구도 나의 부재에 문제를 제기하지 않는다.

하지만 나는 피해자 되기에 머무르지 않는다. 아니, 그렇다고 결심하고 선언한다. 그를 이해하려는 노력도 접은 지 오래다. 가해자를 이해하겠다는 강박은 때로 피해자에게 자신을 의심하게 하고 신뢰하지 못하게 하는 기제가 된다. 가해자와 피해자가 존재하는 폭력 관계에서 갈등의 해소는 일반적인 불화에서 늘 그렇듯 서로에 대한 화해나 용서가 아니다. 진정한 갈등의 해결은 피해자의 성장이다. 더 이상 가해자의 존재에 매여 있지 않게 되는 것. 가해자의 존재를 나의 삶에서 쫓아내는 것. 그것이 진정으로 폭력의 경험에서 벗어나는 방법이자, 폭력의 경험과 함께 살아가는 방법이다. 더 이상 너의 사과를 구걸하지 않겠다. 네가 어떻게 살아가든 나는 잘 살아갈 것이다. 나는 그저 나의 길을 갈 것이다.

그래서 이 책을 썼다. 이 책은 내가 도덕적으로 완벽하고, 결점이 없는 사람임을 말하지 않는다. 이 책을 쓰면서 나는 그 어느 때보다도 나의 흑역사를 헤집고 뒤집었다. 그 어느 때보다 내가 어떤 사람이었는지에 대해서 생각했다. 이 책은 그저 내가 변화하고 있음을, 변화를 지향하고 있음을, 그리고 평등한 세상이라는 꿈을 포기하지 않았음을 드러내는 책이다. 이 책을 쓰는 과정에서 언제나 그렇듯 많은 사람들의 도움을 받았다. 나의 연구를 위해 자신의 삶을 나누는 일을 기꺼이 해주는 나의 수많은 참여자들과 그들의 이야기에 나는 지금까지 많은 도움을 받았다. 또한 의도치 않게 맑스코뮤날레에서 진행된 세미나의 도움을 많이 받았다. 특히 세미나가 없었다면 6장에서 나의 분석을 금융화로, 부채로 확장시키지 못했을 것이다. 세미나 구성원들에게 감사하다. 또한 나의 초고를 언제나 제일 처음 즐겁게 읽고 비평해주는 K들과 나를 지근거리에서 돌봐주는 나의 가족들, 엄마, 아빠, 소현이, 그리고 까만 콩 같은 눈으로 나의 자취를 뒤쫓는 나의 반려견 소기.

이들이 있어 나의 부끄러움을 직시할 수 있었다. 감사하다.

돌이켜보면, 나는 늘 인생의 어떤 시기에 선생님들께 가르침을 받았다. 중학교 때부터 지금까지 내가 무언가를 이룰 수 있다고 믿으시며 나를 응원해주시는 박인숙 선생님과 내가 나 자신을 믿을 수 없었던 대학 시절 내가 있어야만 하는 자리를 알려주시며 나를 다독이시던 최인숙 선생님, 석사과정부터 지금까지 항상 질문을 통해 인식론적 전환을 이끌어주시는 김은실 선생님, 그리고 내가 놓치고 있는 것을 볼 수 있도록 관성에서 벗어날 수 있게 도와주시며 사회학자로서의 실천을 강조하시는 김영미 선생님까지, 지금 내가 존재할 수 있었던 것은 한국 사회를 이끌어온 많은 여성 선배들 덕분이다. 선생님들 덕분에 나는 내가 나아가야 할 길을 알게 되었고, 선생님의 존재 그 자체로 나는 힘을 얻을 수 있었다. 그리고 나는 나 자신을 믿을 수 있게 되었다. 나는 이 책이, 부족하게나마 당신의 잠재력을 끌어내고 당신을 믿게 하고 당신을 추동할 수 있게 되기를 바란다.

파트 1

1장

보편×특수

대학 시절 내게 철학을 배운다는 것은 보편에 대한 언어를 습득하는 것이었다.● 물론 나는 그런 점에서 철학적 언어를 습득하는 데 실패했다. 흔히 '재야의 철학자'로 불리곤 하는 K는 이렇게 말했다. "페미니즘은 여성적인 입장을 다루나, 아직 인간 보편까지는 수준이 안 올라갔다"고.[4] 물론 이는 페미니즘에 대한 무지가 탄생시킨 말이지만 나는 어떤 의미로 그의 말에 동의한다. 그의 말대로 나는 '보편까지는 수준이 안 올라갔기 때문에' 페미니즘을 사랑하지만, '보편까지 올라갔다'는 그의 철학에 반대한다. 보편자의 입장에서 세상의 보편을 인식할 수 있다는 그 오만함에 반대한다.

● 　처음 나는 이 문장을 '철학을 배운다는 것은 보편에 대한 언어를
　　습득하는 것이다'라고 썼다가 철학 전공자인 친구들에게
　　많은 비판을 받았다. 철학에도 다양한 입장이 있어서, 그렇게
　　단정적으로 말할 수 없다는 것이다. 그래서 나는 해당 문장을
　　수정했다. 그러나 나는 철학을 공부할 때, 많은 경우 철학에서
　　말하는 '인간'에 나 자신이 포함되지 않는다고 느꼈다. 특수한
　　'나'는 보편 '인간'이 되어야 했지만, 나는 졸업을 할 때까지도
　　그렇게 사고하는 인간이 되지 못했고, 그런 점에서 보편의 언어를
　　습득하는 데 실패했다고 느끼곤 했다.

1.

보편이란 무엇을 의미하는 것일까? 우리가 손쉽게 인터넷을 통해 검색할 수 있는 국어사전에 따르면, "모든 것에 두루 미치거나 통함"을 의미한다. 인간이라면 누구나 느낄 수 있는 현상 이면에 숨겨진 진리라고도 설명할 수 있다. '1 더하기 1은 2'라는 것은 자명하지만, 사회에서 모든 인간에게 두루 통하는 보편이라는 개념은 쉽사리 정의되기 어렵다. 왜냐하면 인간은 모두 다른 상황에서 태어나 다른 경험을 하며 각자의 위치에서 다른 생각을 하며 살기 때문이다. 그러나 앞서 언급한 철학자 K의 보편은 특정 인간을 보편적 사유의 담지자로 위치지으면서, 인간이 살아가고 있는 사회구조로부터 영향을 받을 수 있다는 사실을 간단히 지워버린다. 이러한 사고에서는 한국에 살고 있는 유색인 여성 '나'와 미국에 살고 있는 백인 남성 '너'는 인간이라는 이유만으로 어떠한 차이 없이 간단하게 인간이라는 범주로, 사유를 통해 진리를 획득할 수 있는 존재로 위치지어진다.

그러나 각기 다른 사회에서, 각기 다른 위치에서 살고 있는 인간들을 그저 같은 종이라는 이유로 하나의 범주로 묶을 수 있을까? 부유한 집에서 태어나 물질적 풍요로움을 누리며 사람들이 말하는 소위 성공한 삶을 살아, 손으로 하는 노동이란 못사는 나라에서 하는 것이라 믿는 사람과, 사회보장이라곤 거의 없는 나라에서 집도 절도 없이 태어나 가진 거라곤 노동할 수 있는 몸 하나뿐인 사람의 생각이 같을 수 있을까? 투자의 목적으로 집을 몇 채씩 소유하고 있는 사람의 생각과 집을 살 돈이 없어 2년에 한 번씩 짐을 싸며 떠돌아다녀야 하는 사람의 입장이 같을 수 있을까?

이처럼 보편은 모든 인간에게 적용 가능하다는 이상을 품고 있으나 실제로는 특정 사람의 위치(서구의 경우 대개 이성애자 비장애인 백인 남성)에서 바라본 생각의 결과물이다. 즉, 보편은 누군가를 사회에서 존재하지 않는 존재로 위치시키면서 그 존재를 지우고 주변화한다. 실제로 과거의 많은 학자들에게 '인간'은 남성만을 의미했다. 우리가 학교에서 배웠듯, 고대 그리스 사회에서 자유민(참정권을 갖는 시민)이란 성인 남성을 의미한다. "인간은 정치적 동물"이라는 아리스토텔레스의 말은 "자유민은 정치적 동물," 즉 성인 남성은 정치적 동물이라는 의미였지, 아테네에서 살아가고 있는 여성과 노예, 외국인을 포함한 모든 인간이 정치적 동물이라는 의미는 아니었다.●

●　지금에서야 우리는 일을 하지 않는 삶을 상상하기 어려울 정도로 노동을 사랑하지만 사실 고대 그리스에서 노동은 생존을 위한 행위라는 점에서 동물적인 것이었고 그래서 천한 것이었다. 철학자 한나 아렌트Hanna Arendt는 서구 사회를 중심으로 공적 영역과 사적 영역의 분화를 추적하면서 다음과 같이 설명한다. 고대 그리스에서 인간의 삶의 영역은 공적 영역인 폴리스와

이처럼 과거의 많은 학자들은 '인간'이라는 범주에 여성을 포함시키지 않았다. 사실 그들이 살던 시절에는 그래야 할 필요가 없었고 그래서 여성을 포함하는 인간이라는 말도 존재하지 않았다. 그들이 '인간'이라는 의미로 기재한 단어는 사실 남성man이다. 서구의 언어에는 한국어나 일본어에 존재하는 '사람'이나 '인간'이라는 단어가 없다. Human(인간), man(남성, 인간), mankind(인류) 등의 단어에는 모두 남성을 지칭하는 man이라는 단어가 포함된다. 독일어도 마찬가지다. 독일어로 인간은 mensch로, men이 포함된다.

이러한 전통은 아직도 살아남아 보편의 학문이라고 여겨지는 과학 분야에서도 여전히 인간은 남성을 의미한다. 영국의 여성운동가 캐럴라인 크리아도 페레스Caroline Criado Perez는 남성이 보편으로 추정되면서 어떻게 여성이라는 존재가 지워지는지 다각도로 분석한다. 그가 보기에 남성이 사회의 기준점이 된다는 사실, 즉 보편일 것이라는 추정은 젠더

사적 영역인 오이코스로 나뉘는데, 폴리스는 오이코스(가족)의 희생을 바탕으로 구성된다. 생계를 유지하기 위해 일을 하는 행위는 생존을 위한 행위이기 때문에 동물적인 것으로 간주되어 철저하게 사적 영역에서만 이루어졌으며, 폴리스는 이러한 오이코스를 기반으로 인간 이성의 탁월함을 드러내고 획득하는 장소로 기능했다. 자유와 평등이 보장되었던 폴리스와는 달리 사적 영역인 오이코스에서 다른 가족 구성원들은 가부장의 절대적인 권위에 복종해야 했다(한나 아렌트, 『인간의 조건』, 이진우 옮김, 한길사, 2019, pp. 73~133).

데이터 공백의 직접적인 결과다. 서구의 언어에 존재하는 남성화된 명사들로 인해 '사람'은 (물론 때에 따라서 가끔씩 성별에 관계없는 척을 하긴 하지만) 암묵적으로 '남성'을 의미하고 그로 인해 남성은 보편적 존재로서 세상에 드러나지만 여성이라는 특수는 존재하지 않는 존재가 된다.[5]

2.

보편이 남성을 기준으로 한 개념이라면, 여성의 존재는 보편이 아닌 존재, 즉 특수로 자리매김한다. 철학자 K의 페미니즘 비평은 그런 점에서 페미니즘의 존재 이유를 명확하게 짚었다. 페미니즘은 보편, 정확하게 말하자면 보편자•에 대한 비판을 근간으로 한다. 그의 표현을 빌려와 페미니즘이 인간 보편까지 수준을 올린다면 그 학문은 더 이상 페미니즘이 아니다. 아주 먼 과거부터 지금까지 여성은 보편자가 아니었고, 될 수 없었으며, 따라서 자신의 존재 그 자체로 존재를 인정받을 수 없는 존재였기 때문이다.◆

● 인간이 보편을 생각할 수 있다는, 보편적 개념을 제시할 수 있다고 믿는 관점. 혹은 보편을 생각하는 사람을 의미한다.

◆ 그래서 역설적으로 페미니스트는 페미니즘이 더 이상 필요하지 않은 사회를 꿈꾼다.

따라서 소수자 운동이 대개의 경우 인정투쟁으로 나아가는 것은 존재할 수 없는 존재, 존재를 인정받을 수 없는 존재의 필연적 귀결이라 볼 수 있다. 한국 사회에서 장애인은 '지워진 존재'로, 세상이 보통 사람 혹은 일반인이라 일컫는 비장애인은 장애인의 삶을 쉽사리 상상하지 못한다. 장애인들은 하루 종일 집에 있나? 돈은 어떻게 버나? 그들의 부모님이 죽으면 어떻게 되는가? 하루 종일 무슨 일을 할까? 여행은 다닐까? 대중교통을 타나? 아니면 장애인 택시? 하긴 뭐, 정 안 되면 시설로 가겠지. 시설이 더 나을 거야. 그들을 돌봐줄 사람들이 상주하고 있으니.

이처럼 장애를 지니고 산다는 것은 죽을 때까지 누군가의 돌봄을 받으며, 집이나 시설에서 생활하다가 죽는 삶으로 상상된다. 자폐스펙트럼을 가진 여성이 주인공으로 등장하는 드라마 〈이상한 변호사 우영우〉(2022)는 비장애인들이 지금껏 생각하기를 거부해왔던 장애인의 현실을 드러내고 편견을 깬다는 점에서 의미 있다. 사람들은 이 드라마를 통해 자폐에도 정도의 차이가 존재한다는 것, 자폐인도 얼마든지 사회에서 함께 살아갈 수 있다는 것, 그래서 자폐인도 함께 살아가야만 하는 사회의 구성원이라는 것을 다시금 떠올리게 된다.●

● 그러나 동시에 이 드라마가 씁쓸한 까닭은, 우영우처럼 최소한 귀엽거나(순수하거나) 자본주의 사회에서 생산성을 발휘해야만

나의 엄마는 나에게 자주 "내가 늙어서 치매에 걸리면 요양원에 넣어버려"라고 말한다. 엄마는 그 말을 할 때마다, 자신은 아마도 치매에 걸리면 '곱게' 걸리는 것이 아니라, (아마도 내면에 쌓인 분노가 많기 때문에?) 물건을 던지고, 욕을 하고, 내 머리채를 쥐어뜯을 것이라 덧붙이면서 치매에 걸렸다는 것은 그 정도로 앞뒤 사리분별이 되지 않는다는 뜻이므로 좋은(비싼) 요양원이든, 나쁜(저렴한) 요양원이든 자신은 모를 것이고, 그래서 저렴한 요양원에 자신을 넣는다 하여 나를 비난하지 않겠다고 말한다. 나는 그때마다 비싼 요양원과 저렴한 요양원의 격차를 떠올리며, 아무리 그래도 사람을 때리고 협박하고 감금하고 묶어두는 곳으로 엄마를 보낼 수는 없다고 생각한다. 이렇게 항상 결론지음에도 불구하고 나는 장애인들이 간다는 시설에 대해서 생각해본 적이 없었다. 나와는 관련이 없다 여겼기 때문이다. 요양원에도 비싼 요양원과 저렴한 요양원 사이에 차이가 있는데, 장애인 시설도 마찬가지일 것이라 생각함에도 내 문제가 아니기 때문에, 시설에 가면 모든 것이 해결될 것이라 상상한다. 나의 엄마는 시설에 보내기 싫으면서, 어떤 존재들에 대해서는 가볍게 보내버리고야 마는 것이다.

　　　사회의 구성원으로 인정받을 수 있다는 의미로 받아들여질 수 있기 때문이다. 이는 '일상의 비일상'을 추구하는 드라마라는 장르의 태생적 한계다.

내가 장애에 대해 이처럼 무지할 수 있는 이유는 몰라도 괜찮기 때문이다. 이는 곧 한국 사회가 장애인들과 함께 살아 갈 수 있는 사회가 아니라는 의미이기도 하다. 물론 장애의 정도에 따라 다르긴 하지만, 나만 해도 장애인들과 함께 무언가를 해본 적이 거의 없다. 스무 살 이전에 장애인을 만난 경험이라면, 중학생 때 근처에 있는 장애인학교로 봉사를 갔던 기억뿐이다. 무조건 해야만 하는 의무적인 봉사활동이었기 때문에 나는 이 일을 내가 왜 해야 하는지 납득하지 못했다. 선생님들도 제대로 된 설명을 해주지 않았다. 그저 내가 맡아야 하는 반 아이들은 정신지체를 앓고 있는 '아픈' 애들이기 때문에 (정상인인) 내가 도와주어야 한다는 정도의 이야기를 들었을 뿐이다.• 나는 아이들을 돕고 싶지 않았고, 전체주의적인 학교가 나의 의사와는 상관없이 나의 도움을 강요한다고 느꼈다. 화장실에 데려간 아이가 오줌을 참지 못해 내

• 　장애인은 도와주어야 하는 사람들이 아니다. 장애인은 나와
　함께 살아가는 사람들일 뿐이다. 비장애인들은 주로 장애인들을
　'(도움을 요청하지 않아도) 도와주어야만 하는 존재'로 배워왔고
　인식해왔기 때문에 장애인들을 동등하게 대우하는 방법을
　알지 못할 때가 많다. 드라마 〈이상한 변호사 우영우〉에는 이를
　꼬집는 장면이 등장한다. 일면식도 없는 사람이 난데없이 그에게
　'파이팅'이라고 외치는 것이다. 알지도 못하는 비장애인에게
　'파이팅!'을 외치는 사람은 아무도 없다. 간혹 장애인을 대하는
　방법이 헷갈릴 때 나는 내가 하고자 하는 행동이 비장애인에게
　해도 괜찮은 행동인지 되짚어본다.

손에 오줌을 쌀 때는 정말이지 울고 싶었다. 나는 빨리 나의 일상으로 돌아가길 바랐다. 나는 그들의 존재를 내 삶에서 다시 지워버리고 싶었다. 그들을 보고 싶지 않았다.

내가 가졌던 이런 마음, 나에게 불편함을 끼치는 존재들을 간단히 지워버리고 싶은 이 마음을 우리는 '혐오'라 부른다. 그리고 이 혐오라는 감정은 실제로 우리 사회에서 주변부에 위치한 사람들의 존재를 간단히 지워낸다. 혐오는 내가 무엇을 생각하는가, 무엇을 상상하는가와 같은 인지적 요소와 결부된 감정이다. 나는 발달장애인들이 미숙하기 때문에 더러울 것이라 생각했다. 그래서 그 더러움을 나에게 묻히고 싶지 않았다. 이처럼 '혐오'는 직접적 접촉에 대한 공포와 연관되는 감정이다. 예를 들어, 만약 벌레가 당신의 몸을 기어가고 있다면, 당신은 당신의 몸이 오염된 느낌을 받을 것이다. 그래서 벌레를 보는 순간, 소스라치게 놀라거나 구역질을 하는 등의 즉각적인 반응을 표출할 수도 있다. 의식적으로 그러한 연기를 하는 것이 아니다. 이러한 반응은 무의식적이기에 당신은 '벌레를 혐오하는 것은 인간의 본능'이라고 생각할 수도 있다.

하지만 실상 어떤 것을 '더럽다'고 규정하고 상상하는 것은 내가 어떤 문화에서 살아왔고 어떠한 생각을 하고 있느냐와 관련되기 때문에 사회가 그 대상을 어떻게 인식하느냐에 따라 변화될 수 있다.[6] 벌레를 식재료로 사용하는 문화에서 벌레는 혐오의 대상이 아니다. 마찬가지로 농촌에서 나고 자란 아이는 어떤 벌레냐에 따라 벌레를 혐오할 수도 있고, 혐오하지 않을 수도 있다. 하지만 줄곧 도시에서 나고 자란 나는 무슨 벌레인지는 거의 알지 못하고, 그저 벌레가 나타나기만 하면 무서워서 어딘가 높은 곳으로 올라가거나 그 공간에서 도망쳐 벌레의 존재를 잊어버리려 노력한다.

이처럼 혐오는 사회적인 감정이기 때문에, 누군가를 혐오하는 마음이 모이고 모여 혐오를 공공연하게 말하기 시작할 때, 목소리는 권력이 되어 존재를 지워낸다. 20여 년이 넘는 시간들 속에서 장애인들은 언제나 자유롭게 이동할 수 있는 사회를 요구해왔다. 물론 그사이에 우리 사회가 변화를 멈춘 것은 아니었다. 지하철 역사에 엘리베이터를 설치하기 시작했고, 저상버스를 도입하기도 했다. 하지만 언제나 이 문제는 한국 국민의 보편적 문제가 아니라 장애를 지닌 사람의 특수한 문제로 간주되었고, 그래서 상대적으로 덜 중요하다는 이유로 보편적(이라 생각되는) 이슈에 뒤처졌다.

2022년 초, 당시 국민의힘 당대표였던 이준석은 전국장애인차별철폐연대(전장연)의 시위 방식에 대해 연일 혐오 발언을 쏟아냈다. 특정 대상에 대한 혐오를 피해 서사로 둔갑시켜 자신의 지지층을 결집시키는 모습은 지난 대통령 선거에서 이미 충분히 보아왔기 때문에 별로 놀랄 일이 아니었지만, 나는 그의 쇼맨십으로 인해 다시 한번 마녀가 되어 제물로 바쳐지는 장애인들이 우려스러웠다.[7] 그러나 내 걱정과는 달리, 실제로 장애인 활동가들은 그의 발언으로 인해 주목 받았다는 그 사실에 기뻐했다. 이제 거의 모든 국민이 이 문제를 알게 됐다는 사실 자체에 활동가들은 기뻐했다. 나는 이 이야기를 듣고 이게 그렇게 좋아할 일인지 어안이 벙벙했지만 이내 그 긴 세월 동안 싸워왔음에도 이렇게 주목을 받는 일이 없었기 때문이라는 사실에 조금 슬퍼졌다. 존재가 지워진 사람들에게는 그 존재를 인정받든, 인정받지 못하든 이러한 존재가 있다는 사실, 아직도 살아간다는 사실, 당신과 다르지 않다는 사실을 드러내는 것이 이토록 힘겨운 것이다.

3.

페미니즘 운동은 장애인 운동보다는 상황이 나은 편이다. 일단 인구의 절반이 여성이기에 수적인 다수를 구성하기 때문이다. 페미니즘에 동의하든, 동의하지 않든 세상의 절반이 여성으로 채워져 있다는 사실은 변하지 않는다. 그래서 페미니즘은 기득권의 욕망에 따라 아주 쉽게 여성의 대표가 되기도 하며, 아주 쉽게 '그 페미니즘은 틀렸다'며 비난의 대상이 되기도 한다. 그 절반의 여성이 아주 다양하게 구성되어 있기 때문이다. 자본가 여성, 노동자 여성, 장애인 여성, 퀴어 여성

등 각기 다른 상황에서 살고 있는 여성들이 모두 다 여성이라는 범주 아래 묶인다.

물론 가부장적 사회라는 구조 안에서 여성들은 여성이기 때문에 유사한 고통을 겪는다. 내가 겪은 성적 괴롭힘은 다른 여성이 겪은 성폭력의 변주다. 나는 안희정 성폭력 사건의 생존자 김지은 씨가 쓴 『김지은입니다』(2020)를 읽으면서 우리가 아주 비슷한 폭력을 당했음을 다시 한번 깨달았다. 공적인 영역과 사적인 영역이 명확하게 구분되지 않는 이른바 '대의'를 논하는 집단에서 폭력이 발생했다는 점에서, 가해자에 대한 나의 신뢰가 폭력을 정당화하는 수단이 되었다는 점에서, 동시에 이 신뢰가 나 자신을 의심하게 했고 그래서 폭력에 대해 더 명확하게 반응하지 못했다는 점에서, 사건 이후 친구라고 느꼈던 사람들이 나에게서 등을 돌리는 모습을 보았다는 점에서, 지금도 나보다는 가해자 주변에 그를 지지하고 응원하는 사람이 더 많다는 점에서 나는 그와 같았다.

많은 여성들이 아주 높은 확률로 경험하는 성폭력 사건이 아니라 하더라도, 우리는 다른 여성의 삶을 보면서 우리의 삶을 예측할 수 있다. 세상은 여성도 남성과 동등하다고, 그래서 남성이 할 수 있는 모든 일을 여성도 할 수 있다고 말하지만 사실은 인간을 (이성애자) 남성과 (이성애자) 여성으로 구분하고, 여성은 여성의 삶을 살도록, 아주 어렸을 때부터 우리를 길들이기 때문이다. 우리는 여성으로 만들어진다.

그러므로 우리는 여성으로 태어났다는 이유만으로 공통점을 가지고 있다. 그래서 많은 경우 서로 공감할 수 있다. 내가 적당한 나이에 결혼을 해서 아이를 낳고 싶지 않은 까닭은 수많은 여성들의 삶이 나의 삶이 나아갈 방향을 가리키고 있기 때문이다. 나는 내가 더 잘하기 때문에 혹은 상대방보다 덜 무감각하기 때문에 많은 집안일을 해야 할 것이다. 아이라도 낳으면 더 최악이다. 내가 엄마이기 때문에, 내가 더 잘 돌보기 때문에, 그리고 아이를 돌보는 동안은 돈을 벌지 못하기 때문에 남편이 자는 동안에도 잠과 현실 사이를 오가며 아이의 상황을 체크하고 아이가 울지 않도록 돌보아야 할 것이다. 아, 물론 '사랑'으로.

하지만 그렇다 해서 모든 여성이 언제나 같은 억압을 겪고 있는 것은 아니다. 지난해 처음으로 단행본을 출간하고 나서 나는 다양한 원고를 청탁받거나 강의를 해달라는 제안을 받았다. 강의료는 보통 2시간을 기준으로 30만 원으로 책정된다. 물론 엄마는 매우 좋아하신다. 하지만 가끔 이러한 수입의 격차가 그의 삶을 되돌아보게 하는 것은 어쩔 도리가 없나 보다. 엄마는 내게 한번은 "나는 연장 몇 시간 해도 그 돈을 받을 수 없는데"라고 말했다. 최저시급 수준의 시간급을 받는 그가 연장노동을 1시간 할 때 받는 금액은 약 1만 3,740원이다. 그가 30만 원을 받기 위해서는 약 22시간을 일해야 한다. 누군가에게 30만 원은 2시간의 노동이지만 누군가에게는 22시간의 노동인 셈이다.* 나는 그보다 내가 더 노력했다고, 인생을 더 열심히 살았다고 말할 수 없고, 그렇기에 그가 받는 돈이 터무니없이 적다고 생각한다.

이렇듯 여성들이 다양한 삶을 살아가고 있는 현재의 사회에서 여성의 존재를 인정하라는 요구는 어떠한 의미인가? 여성들 사이의 차이, 그 차이들에서 비롯된 목소리 크기의 차이는 여성을 단일한 존재로 빚어냄과 동시에 어떤 여성들의 억압을 지워낸다. 쉽게 말해, 여성이라는 단일한 존재를 말할 때 부유한 엘리트 여성의 목소리가 여성을 빚어낼 위험이 있다는 의미다. 그렇다면 여기에서 한 번 더 지워진 여성들은 자신을 인정하라는 투쟁을 해야 하는 것인가? 여성 사이에는 노동자도 있고, 장애인도 있고, 퀴어도 있으니 노동자 여성을 인정하고, 장애인 여성을 인정하고, 퀴어 여성을 인정하라는 요구를 해야 하는 것일까.

● 물론 강외료는 강의를 하기 위한 자료가 필요하다는 점에서 2시간보다는 더 품이 드는 노동이기는 하지만, 강의교안비가 따로 지급되는 경우가 많기도 하고 그렇지 않다 하더라도 20시간 남짓한 노동을 해야 하는 것은 아니다. 2시간 강의 대신 22시간 노동을 하고 싶어 하는 사람은 없을 것이다.

이처럼 사회에서 잊힌 존재를 드러내는 투쟁, 즉 인정투쟁의 한계는 특수와 특수와 특수를 드러내고 차이를 강조함으로써 정체성/들을 공고하게 만든다는 점에 있다. 즉, 특수를 인정하는 것은 특수들이 보편이 될 수 없다는 점에서 한계를 지닌다. 앞서 나는 '인간 보편'에 대한 상상이 인간의 지적 기획에 불과하다고 지적했다. 하지만 그럼에도 불구하고 세상은 보편을 기준으로 돌아간다. 지하철만 봐도 그렇다. 한국의 지하철 좌석에는 한 사람 몫의 좌석이 분할되어 있다. 이 사람은 누구인가? 어떤 몸을 기준으로 하는가? 좌석의 구획을 나눠야 하는 이유는 무엇인가?

대학교 1학년 겨울방학 때, 나는 동생과 유럽으로 배낭여행을 갔다. 우리는 유럽의 트램이나 버스에서 신기한 좌석을 보았다. 1인석인 것 같기는 한데 묘하게 2인석 같은 크기의 좌석이었다. 동양인인 나와 동생은 둘이서 그 자리에 앉을수 있었기 때문에 우리는 그 좌석이 우리 같은 사람을 위한 좌석이라 착각했다. 그래서 항상 둘이서 그 자리에 앉았다. 4주간의 여행이 중반을 향해 갈 무렵, 우리는 그 자리가 우리 같이 몸이 작은 두 사람을 위한 자리가 아니라 몸이 큰 한 사람을 위한 좌석이라는 사실을 알게 되었다. 당시 나에게 이 깨달음은 신선한 충격이었다. 그전까지 나는 대중교통을 탈

때 '보통'이라는 범주에서 벗어나 불편함을 겪은 적이 없었고 불편한 몸이 존재할 수 있다는 상상을 해보지 못했지만, 편하게 그 좌석에 앉는 많은 사람들을 보고 나서야 한국에서도 수많은 몸들이 지금껏 불편하게 살아왔겠다는 짐작을 할 수 있었다.

이후로 나는 내가 '보통 사람'에서 벗어나는 순간들에 대해 다시 생각해보았다. 나는 어렸을 때부터 악기를 다루기에는 손이 너무 작아서 악기를 다루는 일에 좀처럼 익숙해지지 않았다. 나는 손이 작아서 피아노를 칠 때면 '도'에서 '도'까지 한 손에 닿지 않았다. 거의 손바닥을 찢는 느낌으로 손가락을 늘려야 겨우 가능했다. 기타도 마찬가지였다. 코드를 잡을 수가 없었다. 나는 아르페지오로 멜로디를 살리며 연주하고 싶었는데 이 연주기법으로 연주를 하기 위해서는 정확하게 딱 그 줄만 손가락으로 눌러야 한다. 보통 네 개의 손가락으로 세 개의 줄을 누르는데 손가락이 짧아서 도무지 세 개의 줄만을 정확하게 누를 수가 없었다. 물론 스트로크로 하면 좀 나았을 수 있겠지만 어쨌건 나는 코드를 잡기에는 너무 손이 작다는 생각이 들었고 그래서 기타도 포기했다. 나에게 차가 생긴 최근에는 좀 다른 생각을 한다. 안전벨트가 너무 불편한 것이다. 가슴팍을 지나가는 그 느낌이 너무 불편해서, 오죽하면 안전벨트를 인위적으로 늘일 수 있는 액세서리를 부착해야 하는 것이 아닌가 하는 생각과 그럼 안전벨트를 안 하는 것과 같으므로 내 생명을 담보 잡는 것인가 하는 생각 사이에서 고민했다. 그러고 보니 나는 늘 나의 몸에 문제가 있다고 생각했다. 어른 장갑보다는 어린이 장갑을 껴야 할 정도로 손이 너무 작은 나의 문제이고, 한국인의 표준 체형과는 다르게 생긴 나의 문제다.

나는 단 한 번도 그게 여성의 몸을 표준에 넣지 않았기 때문이라고는 생각하지 못했다. 이처럼 보편은 사회에서 '기준점'으로 간주된다. 단적인 예로, 자동차의 안전은 남성을 기준으로 측정된다. 175센티미터에 75킬로그램의 남성이 운전자의 표준으로 여겨지기 때문이다.[8] 지금은 도로에서 운전자가 여성인지 남성인지를 따지는 것이 무의미할 정도로 여성들도 운전을 많이 하지만 그럼에도 불구하고 표준은 그렇다. 인체 모형의 크기를 줄인다고 모든 게 해결되지 않는다. 여성은 남성과 근육 분포가 다르고, 골밀도도 다르고, 뼈의 간격도 다르다. 그러나 자본은 여성의 신체 데이터를 구축하는 데 관심이 없다. 조사된 적이 없으므로 여성의 몸에 대한 데이터도 존재하지 않는다. 여성의 인체 모형은 만들고 싶어도 만들 수가 없는 것이다.[9] 그래서 사고가 날 경우, 여성은 남성보다 더 다치기가 쉽다.

이처럼 특수를 인정하고, 특수들의 수를 늘리는 것은 보편이라는 개념을 그대로 방치한다는 점에서 한계를 지닌다. 여성 노동과 정책의 역사에서 이러한 전략의 한계를 찾아볼 수 있다. 여성은 엄마이기 때문에 일과 가정 모두를 병행해야 한다. 남성들의 반발을 불러일으킬 성별노동분업을 해체하지 않고도 시행할 수 있는 간단한 해법은 아이를 키워야 하는 여성들을 '배려'하는 것이다. 한국의 일-가정양립정책 또한 이러한 접근을 근간으로 한다. 그래서 여성에게 출산휴가를 주고, 양육을 하는 여성의 노동시간을 유연화하거나, 이 기간 동안 여성의 일을 양질의(?) 시간제로 바꾸는 등 여성을 배려하는 다양한 정책들이 시행되었다. 그러나 많은 여성들은 이 배려를 참지 못하고 임금노동을 그만두었다. 그리고 그 결과는 당연히 여성 노동력의 기피다.

이는 모두 돌봄노동의 성별분업을 해체하지 않고 남성 중심적 노동시장의 구조를 그대로 유지한 채 여성만을 특수한 노동자로 간주하기 때문에 발생한다. 이상적인 노동자를 '아이를 돌볼 필요가 없는 남성'으로 전제하면 배려를 받는 여성 노동자들은 회사에 머무는 시간 동안 아무리 일을 열심히 하더라도 사용자가 노동자의 시간을 자유롭게 사용하지 못한다는 그 이유 때문에 반쪽짜리 노동자로 간주되어 성과를 인정받지 못한다. 다시 말해, 이상적인 노동자 규범을 그대로 둔 채, 돌봄노동을 하는 여성(특수)만을 인정하게 될 경우 해결책은 특수에 대한 배려이고, 결국 이는 기존 규범에서의 이탈을, 그리고 배제를 낳는다.

5.

나는 보통 어떤 자리에서 소개를 받을 때면, '여성 노동 연구자'로 소개되는데, 가끔 굳이 나에게 '여성'을 붙여내고야 마는 것에 화가 난다. 차라리 '페미니스트 노동 연구자'라고 한다면 좋을 텐데, 하고 생각하는 것이다. 내가 보기에 남성을 연구하는 많은 연구자들은 '노동 연구자'로 불리고 그렇게 자신을 지칭한다. 그러나 나는 어딜 가나 '여성 노동 연구자'다. 그 누구도 나를 '노동 연구자'로 여기지 않는다. 나는 특수한 영역을 연구하는 특수한 연구자이기 때문이다. 그래서 나를 여성 노동 연구자로 간주하는 친구들에게 나는 자주 '여성 노동'이 아닌, '노동' 연구자임을 강조한다. 인구의 절반이 보편으로 대표되는데, 아직 연구되지 않은 다른 인구의 절반을 연구한다고 해서 특수가 될 이유는 없다.

이처럼 특수를 인정하는 것에서 더 나아가야 하는 방향은 보편의 외연을 확장하는 것이다. 만약 이상적 노동자를, 가정에 돌보아야 할 존재가 있는 사람으로 설정하게 되면 어떤 일이 일어날까? 예를 들어, 남성과 여성의 노동시간을 단축하는 동시에 둘 모두에게 국가 혹은 회사가 동일한 기간 동안 육아휴직을 제공해야 하고, '반드시' 사용해야 한다고 생각해보자. 그렇게 되면 많은 남성들은 원하든 원하지 않든 장기간 육아휴직을 사용해야 할 것이다. 그리고 아이를 함께 돌볼 것이다. 가정생활에서 발생하는 많은 문제들을 함께 해결하게 될 것이다. 그렇게 되면, 여성 노동자와 남성 노동자 사이에 존재하는 차별이 점차 희미해질 테고, 우리는 여성에 대한 노동시장의 차별도 시정되리라 기대해볼 수 있다.

나는 지하철의 엘리베이터 설치 문제를 가지고 전장연에서 문제를 제기했을 때, 그들의 문제 제기에 매우 공감할 수 있었다. 그 이유는 반려견 유아차 때문이었다. 내가 기르는 강아지 소기는 새로운 공간을 산책하기를 좋아한다. 그래서 주말이면 간혹 큰 공원으로 반려견 차에 태워, 지하철을 타는데 그렇게 불편할 수가 없다. 일단 거의 모든 지하철에 엘리베이터는 구석에 박혀 있어서 엘리베이터를 타려면 멀리 돌아가야 한다. 그래서 이동시간이 오래 걸린다. 또한 모든 출구에 엘리베이터가 있는 것은 아니므로, 출구를 나와서도 한참을 돌아가야 한다. 지하철을 탈 때도 문제다. 지하철과 승강장 사이가 멀어, 나는 소기가 탄 유아차의 바퀴가 낄 수 있다고 생각해 바퀴를 살짝 들어주지만 이건 어디까지나 유아차가 가볍기 때문에 할 수 있는 일이다. 우연치 않게 나는 소기 덕분에 휠체어를 끌고 지하철을 탄다는 것이 어떤 의미인지 조금은 알게 되었고 전장연의 말을 십분 이해했다.

그러나 나는 동시에 이 문제가 장애인들의 이동권 문제만은 아님을 지적하고 싶었다. 이 문제는 어린아이를 키우는 사람들이 겪고 있는 문제임과 동시에 나이가 들어 몸을 움직이기 어려운 노인들이 직면하고 있는 문제이기도 하다. 또한 우리가 삶의 어느 시기고 운이 나빴을 때 언젠가 평생을 겪어야 할 삶일지도 모른다. 만약 우리가 살아가는 사회의 보편적 인간을 장애인으로 규정하여 도시를 계획한다면 어떻게 될까? 그렇게 되면 그 누구도 차별받지 않고, 어느 누구나 자유롭게 이용할 수 있는 도시가 될 것이다. 몸이 불편한 누군가가 편하게 접근할 수 있는 공간은, 우리 모두가 편하게 접근할 수 있는 공간이라는 의미다. 한 예로, 공항철도 역에는 교통약자를 위한 이동수단이 다른 지하철에 비해 많이 배치되어 있다. 이는 공항철도 회사가 교통약자를 배려했기 때문이라기보다는 '공항'을 향하는 철도인 만큼, '캐리어를 끄는 사람'을 보편적인 탑승객으로 규정했기 때문이다. 하지만 그렇다 해서 여행객들만 혜택을 누리는 것은 아니다. 공항철도 이용객들은 모두 함께 혜택을 누린다. 이처럼 '두 다리로 빠르게 걸을 수 있는 사람'이라는 보편적 인간을 조금만 수정해도 우리 모두가 편한 세상에 살 수 있다.

나는 그 누구도 배제되지 않는 것, 그것이 바로 진정한 보편이라 생각한다. 무릇 보편이라 함은 인간 모두에게 적용되어야 한다. 그렇다면 우리는 그 기준을 아래에 맞춰야 한다. 우리가 잊고 있었던 존재들에 맞추는 것이 바로 보편이다. 사회적 약자를 보편으로 설정하면 우리는 모두가 편한 세상에 살 수 있다. 누군가의 불편을 당연하게 여기는 세상이 아닌, 불편을 감수할 필요가 없는 세상을 그릴 수 있을 것이다. 약자의 이야기에, 불편에, 고통에 귀 기울이고 자신을 되돌아보고 보편의 시각을 수정하고 넓히는 것이 철학이 해야 할 일이다. 그런 점에서 '그의 철학'은 "아직 보편까지 수준이 안 올라갔다."

2장

지식×권력

앎은, 지식은 권력 없이 존재할 수 없다. 권력의 인정을 받지 않은 지식 혹은 권력을 동반하지 않는 지식은 진리가 아닌 '말'에 불과하기 때문이다. 어떤 정보를 전달할 때 전문가들이 필요한 이유가 바로 여기에 있다. 우리는 간혹 시사교양 프로그램이나 다큐멘터리에서 '저런 말은 나도 할 수 있어'라고 생각되는 많은 말들을 만나지만, 우리가 그 분야의 전문가가 아닌 이상 우리의 말은 지식으로 인정받지 못하며, 단순한 생각이나 하나의 '썰'로 여겨지기 때문에 아무도 우리의 목소리를 주의 깊게 듣지 않는다.

    권력은 지식을 자신의 방식대로 주조한다. 주입식 교육을 받은 우리는 지식이 보편적이고, 실제로 존재하는 사실이기 때문에 그 자체로 진리라고 생각하는 경향이 있다. 주입식 교육은 우리에게 외워야 할 것을 제시할 뿐 '질문'을 허용하지 않기 때문이다. 그러나 어떤 지식이든, 과학이든 철학이든 이를 인식하는 사람이 존재하고, 그 사람은 특정한 방식으로 세상을 본다. 어떤 사람이 보편을 인식하는 것이 가능할까? 과연 어떤 사람의 시각이 보편적이라고 말할 수 있을까? 그 사람이 인식한 지식이 과연 불변의 진리일까? 불변의 진리가 아니라면, 이 지식은 어떤 사람들을 배제하고 있을까? 우리는 이를 어떻게 깨달을 수 있나?

1.

고등학생 때 나는 이과생이었다. 나는 과학을 배우면서 은연중에 그 모든 것이 실제로 존재한다고 생각했다. 내가 어렸을 때 과학잡지는 『과학동아』와 『뉴턴』 두 가지뿐이었는데, 나는 『뉴턴』을 더 좋아했다. 한 장 한 장 잡지를 넘길 때 손끝에 느껴지는 종이의 감촉이 더 좋았고, 무엇보다도 사진들의 색감이 더 마음에 들었다. 최신 기술들을 알기 쉽게 소개하는 『과학동아』보다 순수과학을 다루고 있다는 점도 마음에 들었다. 이 또한 그림이 더 아름다운 이유가 되었다. 나는 별들과 원자들과 세포들을 보는 것을 좋아했다. 특집호가 발간되는 날 보내주었던 우주 포스터는 한동안 내 방문에 걸려 있었다.

　나는 실제로 우주를 본 적이 없지만, 너무나 당연하게 그 모든 것을 눈으로 확인할 수 있으리라 기대했고, 그곳에 존재한다고 믿었다. 그러나 이는 사실과 다르다. 내가 사랑했던 그 많은 사진들과 깊이를 느낄 수 없는 그 무한한 색들이 진짜인지 우리는 알 수 없다. 우리가 실제로 눈으로 관찰할 수 없을 정도로 우주는 무한하기 때문에 우주망원경들은 가시광선을 이용하기도 하지만 전파나 감마선, 엑스선, 자외선과 같은 인간의 눈으로는 볼 수 없는 빛의 파장을 이용하기도 한다.

　따라서 우리가 쉽게 접할 수 있는 그 색으로는 절대 보이지 않는다. 우리가 보는 많은 사진들은 사람들이 보기 어려운 1차 관측물들을 가공하여 채색한 결과물이다. 예를 들어, 말머리성운은 암흑물질로 이루어져 있기 때문에 빛을 발산할 수 없다. 인간의 눈은 가시광선만을 볼 수 있기 때문에 가시광선을 발산하지 못한다는 것은 인간의 눈으로 볼 수 없다는 의미다. 그래서 감마 망원경과 같은 특수 망원경으로만 그 형태를 확인할 수 있다. 물론, 채색의 방식에도 기준은 있다. 가시광선의 파장에서 가장 근접한 것을 기준으로 색을 정해 채색을 한다. 즉 사람이 볼 수 있다면 이런 색이겠지, 라는 추측을 기반으로 하는 것이다. 결국 우리가 우주여행을 갈 수 있다 하더라도, 우리는 말머리성운을 맨눈으로 볼 수 없다.

　다른 예도 있다. 블랙홀 이론이 등장한 이후 블랙홀은 때때로 그 모습을 바꾸었다. 블랙홀은 어느 순간에는 맨홀이었다가, 이제는 구형일 것이라는 가설이 정설로 받아들여진다. 블랙홀 그림들을 보고 있노라면 너무나 사실적으로 그려져 있어, 실제로 그렇게 존재할 것이라 착각하기 쉽다. 그러나 이는 거짓이다. 블랙홀 그림들은 실제 관측자료가 아닌 블랙홀 이론을 바탕으로 그려놓은 상상도에 불과하다. 눈으로 확인한 것이 아니라, 기존에 사실이라 판정된 지식들과 모순을 일으키지 않는 선에서 블랙홀의 모습을 상상해낸 것이다.

이처럼 우리는 과학을 통한 기술의 진보를 실제로 겪어왔기 때문에 과학적 지식을 절대적인 지식으로 받아들인다. 마치 실제로 그러할 것이고 그렇게 존재할 것이라 믿고, 어떤 사람에게든 똑같이 적용될 것이라 믿는다. 다시 말해 과학은 그 어느 학문보다도 가치중립적이고 객관적이라고 믿는다. 그리고 반박이 불가능하다고 생각한다.

2.

그러나 우리도 알다시피 과학은 반증이 가능하다. 그리고 그 반증들을 통해 과학은 정교해진다. 과학은 기존 이론들을 바탕으로, 즉 기존 패러다임을 바탕으로 가설을 세우고, 실험을 하고, 가설이 맞는지 틀린지 확인하는 과정을 통해 발전한다. 과학철학자 토머스 쿤Thomas S. Kuhn에 따르면, 과학적 지식이란 결국 기존 패러다임의 규칙을 지키면서, 다시 말해 기존에 옳다고, 진리라고 받아들여져 왔던 정상과학 내에서 여러 가지 실험을 통해 지식을 정교하게 발전시킨다. 이 과정에서 시행되는 실험들은 '정상과학이 사실이냐 아니냐'를 검증

하기보다는, 정상과학을 더 정교한 패러다임으로 만들어가는 역할을 담당한다. 과학적 이론은 실제로 존재하고 있기 때문에 지식으로 받아들여지는 것이 아니라(진리 대응론), 새로운 발견이 기존 이론들과 모순되지 않기 때문에(진리 정합론) 지식으로 받아들여진다.

이때, 기존 이론들이 가지고 있는 정합성의 구조를 패러다임이라 한다. 쿤은 패러다임이 정확하게 무엇인지 설명하지 않았지만, 패러다임이란 과학을 지배하는 어떤 언어, 규칙, 약속을 의미한다. 그런 점에서 과학자들의 사고를 지배하고 있는 가치관이기도 하다. 새로운 패러다임이 등장하는 과학혁명에서는 지식의 정합성이 무너진다. 다시 말해 새로운 패러다임은 기존의 지식체계와 양립할 수 없다. 이렇게 새로운 패러다임이 기존의 패러다임을 대체하는 것을 과학혁명이라 한다.[10]

물론 새로운 패러다임이 기존의 패러다임을 바로 한순간에 대체할 수는 없다. 보통의 경우, 많은 과학자들은 본인

●　　물론 모든 학자들이 쿤의 주장에 동의하는 것은 아니다. 대표적으로 과학철학자 칼 포퍼Karl Popper는 지식은 교체되는 것이 아니라 추측과 반박을 통해 성장한다고 보았다. 다른 철학자 라카토스Imre Lakatos는 쿤의 이론이 경쟁하는 이론들을 비교하지 못하기 때문에 비합리주의에 빠질 수 있다고 지적했다. 이에 대해 궁금한 사람은 다음을 참조하라. 대학교재 편찬위, 『철학에의 초대』, 비사원, 2006, pp. 236~46.

이 생각하기에 익숙한 틀로 변칙 현상을 설명하려 하기도 하고, 자신이 발견한 변칙 현상이 현재의 과학적 틀을 재고할 정도로 의미가 있다고 판단하지 않고 무시하기도 한다. 그러나 기존의 패러다임으로는 설명할 수 없는 현상들이 누적될 때, 과학자들은 이 현상을 기존 이론으로는 설명할 수 없다는 사실을 깨닫고, 변칙 현상들을 설명할 수 있는 새로운 패러다임을 제시하게 된다. 새로운 패러다임은 기존의 패러다임과 경합하는 과정을 거쳐 새로운 정상과학의 지위를 획득하게 된다.

3.

과학적 탐구를 통해 지식을 추구하는 실증주의에서 가장 중요하게 여기는 것은 지식의 객관성과 그러한 객관성을 담지하는 연구자의 가치중립성이다. 오랫동안 과학의 지배적 패러다임이었던 실증주의는 인식 대상(연구 대상)과 인식 주체(연구자)의 거리두기를 통해 객관성을 확보하고자 한다. 그러나 사실상 이러한 거리두기는 인식 주체인 연구자가 기존의 제도나 사회 구성에 연루되어 있다는 사실, 그로 인해 가지게 된 생각들이 연구에 개입될 수도 있다는 사실을 은폐함으로써 보편적 지식이라는 특권적인 위치를 고수하는 데

기여했다.

그런데 문제는 권력이 이러한 지식 생성 과정에 개입한다는 사실이다. 과거에는 통치권력의 중심이었던 가톨릭이나 유교와 같은 종교가 지식의 형성에 개입했지만 지금은 자본이 그 역할을 대신하고 있다. 어떤 지식이든 돈이 필요하다. 동서양을 막론하고 대부분의 지식인들이 귀족이었던 까닭은 앎을 연구하는 동안에는 일을 할 수 없는 만큼 일할 필요가 없는 사람들만이 지식을 탐구할 수 있었기 때문이다. 귀족들은 불로소득이 있었고 노동은 천한 것이라 여겼기에 노동을 하는 대신 앎을 추구하며 여가를 보낼 수 있었다.

자본주의를 비판하는 마르크스주의에서는 자본이 지식에 개입한다고 본다. 자본가들이 자신의 입맛에 맞는 지식을 생산하면서, 이 지식을 통해 노동자들에게 영향력을 행사하고 있다는 것이다. 일례로 최근 유수의 대학들은 정부와 기업의 지원을 받아 반도체학과를 설립하고 있다.[11] 언뜻 생각해보면 좋은 일이다. 학생들은 대학에 들어와 기업에서 필요로하는 지식을 획득하고 졸업과 동시에 연계된 회사에 취직을할 수 있기 때문이다. 그러나 뒤집어 생각하면, 기업에서 부담해야 할 인재 양성 비용을 대학과 학생들에게 떠넘기고 있다고도 볼 수 있다. 스펙을 쌓으라는 주문을 넘어, 4년을 기준으로 대략 4천만 원을 내야 취직을 할 수 있다니. 결국 학생들에게 돈을 내고 임노동할 권리를 구매하라는 것이다.

이러한 흐름에 반대를 표명한 학교로는 서울대가 유일하다. 그 이유는 너무나 익숙하다. 연구를 지향해야 할 대학이 특정 기업이나 산업체를 위한 직업교육을 하는 것이 맞느냐는 것이다. 나는 여기에서 더 나아가, 그러한 학과가 설립되었을 때 과연 대학이 자본의 영향에서 자유로울 수 있는지를 질문해보고 싶다. 앎과 권력이 대놓고 영합할 때, 우리는 권력을 비판하는 연구를 할 수 있는가? 다소 수익성이 떨어진다 하더라도 환경오염이 덜하고 인체에 덜 해로운 반도체를 개발할 수 있을까? 실증주의가 말하는 객관성을 담지할 수 있는가? 연구자들은 과연 객관적으로 연구를 할까? 아니, 한다고 결심한다 하더라도 할 수나 있을까?

코로나 백신을 둘러싼 음모론들은 지식이 권력과 영합한다는 사실을 우리가 잘 알고 있으며, 그러한 영합이 어떠한 부작용을 창출해낼 수 있는지에 대한 우리의 두려움을 적나라하게 드러냈다. 한동안 몇몇 사람들은 백신회사가 코로나 백신을 팔기 위해 코로나를 일부러 전파했다거나, 코로나가 치명적인 바이러스가 아님에도 불구하고 사람들을 속여 전세계에 백신을 팔아넘겼다고 믿었다. 그럴듯한 이야기였다. 아주 말이 안 되는 이야기는 아니었는데, 실제로 코로나를 거치며 막대한 이익을 본 곳이 바로 제약회사였기 때문이다. 백신 판매로 이익을 추구하지 않았던 옥스퍼드와 아스트라제네카를 제외하고, 화이자, 모더나 등은 전 세계를 상대로 막

대한 이익을 챙겼다.

백신음모론은 국가가 사람들을 통제하기 위해 부작용에 대해 숨기거나 인정하지 않는다는 생각으로까지 확장된다. 실제로 몇몇 사람들은 부작용 때문에 백신을 맞지 않았다. 이러한 두려움은 국가권력이 자본과 더욱 친화적이며, 국민들을 얼마든지 돈벌이의 대상으로 타자화할 수 있다는 생각에 기반한다. 그 어느 때보다 급하게 만들어진 백신과 부작용의 인과관계가 명확하게 밝혀지지 않았다는 국가의 주장, 그리고 실제로 우리가 접할 수 있었던 많은 부작용들은 사람들이 이미 지식이 중립적이지 않으며 권력에 따라 움직이고 있음을 인식하고 있고, 그러한 지점에 대해 우려하고 있다는 것을 드러낸다.•

• 코로나의 근본적인 해결책은 사람들의 면역력을 높이는 것인데, 이는 장시간 노동, 공장식 가축 사육 등 자본주의의 생산구조에 대한 근본적인 개혁을 필요로 한다. 그러나 자본가(권력자)들은 자신들의 계급 자체를 위협할 이러한 개혁을 원하지 않기 때문에 약물을 개발하여 손쉽게 이를 해결하고자 한다. 그러나 이미 많은 사람들이 지적했듯, 이러한 주먹구구식 해결책으로는 다른 팬데믹의 등장을 막을 수 없다. 이제는 지속 가능한 지구의 미래를 논해야 한다.

4.

이처럼 지식이 권력에 의해 좌우되는 문제라면, 우리는 어떻게 어떤 지식이 옳고 그르다고 판단할 수 있을까? 우리는 지식의 옳고 그름을 논할 수 없는 것일까? 결론부터 이야기하자면 '판단할 수 있다.' 그런데 많은 사람들은 차이를 인정하는 순간, 옳고 그름에 대해서 말할 수 없다고 생각한다. 내가 여성학과에 입학한 후 술자리에서 이런저런 이야기를 할 때면 친구들에게서 가장 많이 들었던 말도 그러했다. "그럼 우리가 무엇을 옳다고 이야기할 수 있어?" 혹은 "차이 인정하자며. 너랑 나랑은 달라. 그러니까 나한테 네 생각 강요하지 마. 너랑 나랑은 의견이 다를 뿐이야." 내가 생각하기에, 이런 이야기를 하는 사람들은 그 말에 상처를 받지 않는 사람이다. 차별금지법이나 동성애에 관한 기사를 읽다 보면 유독 이런 댓글이 많이 보인다. "나는 누가 동성애를 하든 말든 관심 없다. 하지만 내 가족이 동성애자라면 나는 받아들일 수 없다. 이게 왜 혐오인가. 자유주의 사회에서 당신의 생각을 강요하지 마라. 여기가 무슨 북한도 아니고." 수없이 볼 수 있는 그런 말들. ("아무 말이나 해도 되는 '용기'를 어디서 얻었을까.")[12]

언젠가 나는 어떤 학벌 좋은(?) 페미니스트의 불평을 들은 적이 있다. 학벌이 좋지 못한 페미니스트와 같은 취급(?)

을 받는 것에 대해 불편해하면서 그는 자신이 고등학생 때 얼마나 공부를 열심히 했는지 아느냐며 억울함을 표시했다. 상대적으로 그와 비교했을 때 학벌이 좋지 못한 대학을 나온 '나'는 순간 여러 가지 생각을 했다. 나는 학벌이 좋은 건가, 좋지 않은 건가? 나는 고등학생 때 공부를 하지 않고 놀아서 그 대학을 간 건가? 나는 열심히 하지 않았는가? 누구보고 들으라는 말일까? 나인가? 그리고 그 생각 뒤에는 어김없이 불쾌감이, 불편함이 나를 휘감았다.

　나는 서울 소재 대학을 나온 사람으로서 어떤 사람이 봤을 때는 학벌이 좋지만 어떤 사람이 봤을 때는 나쁘다.● 그러나 단언컨대 나는 학창 시절에 공부를 열심히 했다. 학벌로 노력을 측정할 수 있다니, 나야말로 억울하다. 지금도 마찬가지지만 옛날부터 나는 객관식 시험에 유독 취약했다. 중학교 3학년 때였나, 깐깐하기로 유명했던 한 국어 선생님이 전교에서 유일하게 나에게만 수행평가 만점을 주었다. 그래서 나는 일순간 학교에서 유명해졌는데, 며칠 뒤 수업 시간에 선생님이 준 프린트를 풀고 있는 내게 그 선생님은 이렇게 말했다.

●　서열이란 원래 그런 것이다. 무엇을 기준으로 하느냐에 따라 달라진다. 어쩌면 어떤 서울대생은 명문대라는 같은 이름으로 묶이는 연세대나 고려대로 인해 자신의 노력을 제대로 인정받지 못한다고 여길지도 모른다. 마찬가지로 해외에서 대학을 졸업한 사람은 서울대 자체를 인정하지 않을 수도 있다. 서열이라는 것은 상대적인 순서에 불과하다. 절대적으로 우위인 사람은 없다.

"너는 시험에서 만점은 못 맞겠다"고. 선생님은 내가 너무 깊게 생각하고 있다고 덧붙였다. 그때는 자존심이 좀 상했지만 사실이었다. 나는 생각이 너무 많았고 그래서 항상 질문을 보며 이게 무슨 말인지 너무 깊게 고민했다. 화자는 지금 슬프다, 라는 보기를 볼 때면 나는 이 화자가 지금 '슬프다'라고 말할 수 있는 감정이 맞는지, 슬프다고 보기는 어렵지 않은지, 슬프다는 말보다는 다른 말이 적절하지 않은지에 대해 고민했고 결국 그렇게 다른 곳에 정신이 샌 나머지 몇몇 문제들을 항상 틀리곤 했다.

내가 학벌에 대한 말을 듣고 불쾌하고 불편했던 까닭은 나의 학벌이 나쁘다고 말할 수 없지만, 좋다고도 말할 수 없는 애매한 위치에 있기 때문이다. 만약 내가 서울대를 나왔다면, 어쩌면 나는 최소한 한국에서 안전하게 '나는 학벌이 좋다'고 여겼을 테고, 그래서 나 또한 어느 대학을 나왔느냐와 관계없이 우리 모두가 동일하게 여겨지는 이 상황에서 나의 노력이 폄하되고 있다고 느꼈거나, 그렇지 않다 하더라도 그말을 한 페미니스트를 좀더 이해했을 수 있다. 하지만 나는 그와 비교했을 때 학벌이 그다지 좋지 않았기 때문에, 다시 말해 그의 말에 온전히 공감할 수 있는 위치가 아니었기 때문에 불쾌감을 느꼈고, 그 말이 옳지 않다고 생각할 수 있었다.

이처럼 우리가 어떤 말들, 혹은 이론과 지식에 불편함을 느끼는 것은 대개의 경우 우리가 그 지식의 내부에 있지만 동

파트 1

시에 외부에 있기 때문이다. 우리가 완전한 내부인이 되어, 어떤 생각을 하든 그 생각이 내부의 규칙에서 벗어나지 않는 다면 우리는 스스로 고민할 필요가 없다.● 이성애자 여성으로 살아온 내 경우가 그랬다. 나는 이성애자 여성으로 살아오면서, 내 성정체성에 대해서 진지한 고민을 해야 할 필요성을 느끼지 못했다. 세상이 이미 나의 성정체성을 중심으로 구성되어 있는데, 내가 왜 내 정체성을 고민한단 말인가. 중학생 시절, 에쿠니 가오리의 『반짝반짝 빛나는』(2002)이라는 소설을 읽고 나서야, 도무지 이해를 할 수가 없어 몇 번이고 몇 번이고 다시 읽으며 남편의 애인이 남성이라는 설정이 잘못 읽은 것이 아니라는 사실을 깨닫고 나서야 남자가 남자를 사랑할 수 있으며 여자도 여자를 사랑할 수 있다는 것을 알았다. 그리고 그게 문제가 되지 않는다는 것도 알았다.

하지만 그게 나의 문제가 된 것은 아니었다. 내 친구들 중 몇몇은 성소수자였지만 그뿐이었다. 나는 이성애를 중심으로 돌아가는 사회에서 안전했고, 한 번도 위협을 느낀 적이 없었다. 완전한 내부인이었던 셈이다. 한번은 성소수자가 가해자로 지목된 성폭력 사건을 해결하면서 나는 그 가해자가

● 그래서 어떤 사람들은 불편함을 느끼고 싶지 않아, 융화되기를 택하기도 한다. 남성이 많이 다니는 회사에서 혼자만 여성일 때, 어떤 여성들은 남성과 동일해진다. 그편이 훨씬 안전하기 때문이다.

진정한 성소수자가 맞는지에 대해서 의심했던 적이 있다. 나는 친구 K에게 이 사건에 대해 의논하면서, 그가 진짜로 그런 성향을 가지고 있는지 의심스럽다고 했다. K는 나에게 "그것에 대해서 고민하지 마. 그냥 걔가 그렇다고 하면 그런 거야. 그게 사건이랑 무슨 관련이 있니"라고 나의 실수를 짚어주었다. 나는 그제야 내가 누군가의 정체성에 관해서 쓸데없는 의심을 하고 있다는 사실을 깨달았다. 그의 정체성은 사건과 관련이 없음에도 불구하고 나는 마치 관련이 있다는 양 생각했다. 나는 지금껏 이성애자로서 다수자로 살아왔기 때문에, 아무도 나의 정체성에 대해 의심한 적이 없었고, 나는 그런 점에서 아주 안전했으며, 그래서 그러한 의심에 무감각했던 것이다. 반면, K는 성소수자였고 그래서 나의 의심에 무감하지 않을 수 있었다.

이처럼 누군가가 경계에 존재한다는 사실은 권력과 영합한 지식의 폭력성을 더 잘 인식할 수 있게 한다는 것을 의미한다. 내 친구는 소수자였기 때문에, 가해자의 소수자성을 의심하는 나의 말에 불편함을 느꼈을 것이다. 그 또한 끊임없이 그런 의심의 눈초리를 받아왔고, 자유라는 이름으로 자행되는 혐오에 노출되어 있었기 때문이다. 그래서 그는 나에게 정체성이 아닌 사건 그 자체를 보라고 조언해줄 수 있었다. 그리고 나는 그 이후로 조금 더 예민해질 수 있었다.

5.

이러한 '내부에 있는 이방인'의 관점은 연구의 대상이 되는 사람들 자신보다 더 많은 것을 알게 한다. 성소수자인 나의 친구는 그 사건에 개입한 '나'보다 더 많은 것을 볼 수 있었다. 나는 오히려 이 사건을 해결해야만 하는 당사자였기 때문에 무엇이 문제인지, 어떠한 점에 집중해야 하는지 잘 인식하지 못했다. 너무나 많은 감정이 개입되어 있었던 탓이다. 그러나 나의 친구는 달랐다. 그는 직접적으로 사건에 개입되어 있지 않았기 때문에 나의 이야기를 듣고 사건과 거리두기를 할 수 있었고, 적절한 조언을 해줄 수 있었다. 그래서 여러 가지 말들과 감정에 휘둘려 숲이 아닌 나무를 보고 있었던 나와 달리 친구는 숲을 볼 수 있었고 나무에 집중하지 말라는 조언을 했던 것이다.

　　그러나 내부의 이방인의 관점에서 바라본다 하여 항상 객관성이 담지되는 것은 아니다. 그것은 시작에 불과하다. 여기에 성찰이 필요하다. 성찰이란, 실상 내가 좋아하는 것부터 싫어하는 것까지, 옳다고 생각하는 것부터 그르다고 생각하는 것까지, 내가 할 수 있는 가치판단의 대부분은 사회로부터 주어진(혹은 승인된) 것이라는 사실을 인지하면서, 자신의 생각을 되돌아보는 것이다. 철학자 샌드라 하딩Sandra Harding은 이러한 성찰을 통해 추구되는 객관성을 "강한 객관성"이라는 개념으로 설명한다.[13] 강한 객관성이란, 우리가 하는 모든 가치판단이 사회구조로부터 일정 부분 형성된 것이라는 사실을 인정하고, 이러한 모든 신념들에 대해 질문을 던짐으로써 연구의 객관성을 높이는 것을 의미한다. 우리가 끊임없이 질문을 던져야 하는 신념에는 가부장제나 자본주의와 같은 사회구조로 인한 통념이나 편견도 있지만, 우리가 옳다/그르다 혹은 좋다/싫다라고 생각하는 개인적이라 여겨지는 신념들 또한 포함된다.

이러한 관점에서 강한 객관성을 담지한 연구는 연구자가 외부인(타자)의 관점에서 연구대상과 자신을 분리하여 관찰하는 것이 아니라, 연구자 또한 연구대상과 동일한 사회 속에서 살아가고 있다는 사실, 즉 연결되어 있다는 사실을 인식하고 연구대상의 주변에서 연구대상을 관찰하는 것이다. 내가 이전 연구에서 수행한 참여관찰이 대표적인 연구방법의 하나다. 나는 모 대형마트에 취직하여 4개월간 실제로 일을 하면서, 내가 노동자가 되어 노동을 경험하고, 동료 노동자로서 노동현장을 관찰하면서 연구했다. 노동자들이 어떠한 삶을 살고 있는지 모른 채, 노동 그 자체에 갇혀 인터뷰를 하고 여러 데이터들을 읽어냈다면 나는 노동현장이 노동자들의 삶을 어떻게 구획하는지, 노동시간 단축 이후 노동자들의 삶이 어떻게 파편화되었는지 알지 못했을 것이다. 나는 그들과 함께 노동현장을 살았기 때문에, 노동자들의 입장에서

파트 1

문제를 파악할 수 있었고 나의 입장에서 보지 못했을 많은 문제들을 새롭게 깨달을 수 있었다.

권력과 영합한 지식은 어떤 이들을 배제한다. 그리고 배제하는 것을 넘어서 자신이 원하는 형상으로 주체를 주조한다. 자본주의의 지식은 어떤 면에서 노동자들을 배제하고, 동시에 일하는 것이 행복이라며 장시간 노동을 하도록 노동자들을 호명한다. 일하지 못하는 사람은 게으른 사람으로, 혹은 능력이 없는 사람으로 위치시킨다. 마찬가지로 남성중심적 사회에서 지식은 특정한 삶의 방식대로 사는 여성들을 칭찬하면서 추앙하는 한편, 어떤 여성들은 마녀로 낙인찍으며 권력의 주변부로 몰아내고 배제한다.

나는 우리가 지식을 생각할 때, 그 지식의 옳고 그름을 판단하기보다는 그러한 지식이 어떠한 존재들을 없는 존재로 가려내어 그들의 목소리가 들리지 않게 하는지에 대해서 사유해야 한다고 생각한다. 성찰이란 어떤 것이 옳고 그르냐를 끊임없이 생각하는 것이 아니다. 우리가 생각하고 말하는 특정한 방식을 되돌아봄으로써, 내가 어떠한 맥락에서 권력자로서 지식과 영합하는지 사유하는 것이다. 그리고 너무나 뻔하지만 되돌아보고 되돌아보는 과정 속에서 우리의 외연이 넓어질 수 있다. 소수자의 숙명이다. 억울해도 어쩔 수 없다. 결국 나부터 바뀌어야 남이 바뀌는 법이다.

3장

나×너

무지는 잔인하다. 나는 몇 년 전까지만 해도 동물에 무지했다. 당시 나는 다세대주택 1층에 살고 있었는데, 자꾸만 고양이들이 우리 집 창문 밑에 똥을 싸대는 통에 똥을 치우느라 곤욕을 치르고 있었다. 나는 그때까지만 해도 고양이를 무서워했다. 그래서 나는 고양이들이 우리 집 앞에 똥을 싸지 않게 할 방법이 없는지 물었다. 무려 고양이를 키우는 친구에게! 처음에 그는 내 질문을 듣고 당황하더니, 이내 평정심을 되찾고는 그곳에서 고양이들의 밥을 챙겨주면 똑똑한 고양이들이 그 사실을 알고 똥을 싸지 않게 된다고 말했다.

그래서 내가 길냥이들에게 밥을 주었더라면 이 이야기는 참으로 아름다운 이야기가 될 수 있었겠지만, 나는 당시 고양이들의 밥을 주면 해결된다는 그 아름다운 이야기를 거부했다. 나는 고양이가 무섭기 때문에 밥을 줄 수 없으니 그런 낭만적인 이야기 말고, 어떻게 하면 집 앞에 오지 않게 만들 수 있는지 물었다. 친구는 한숨을 쉬더니 후추를 물에 섞어 뿌려보라고 했다. 내가 후추 탄 물을 뿌렸던가, 뿌리지 않았던가. 다행히 뿌리지 않았던 것 같다. 그 후에도 고양이들은 계속 나의 집 창문 밑을 변소로 사용했으므로.

이처럼 어떤 존재에 대해 무지하다는 것은, 그 생명이 어떻게 느끼는지, 어떻게 살아가고 있는지와 관계없이 내 마음대로 그 대상을 그려낼 수 있다는 사실을 의미한다. 그 존재가 어떠한 고통을 받고 있는지는 중요하지 않다. 나와는 상관없는 남, 즉 타자이기 때문이다. 우리는 이렇게 우리 주변의 살아 있는 존재들을 타자화하면서, 많은 경우 의도하지 않았음에도 불구하고 아픔을 준다. 몰라도 되는 것 또한 권력임에도 불구하고 우리는 아주 손쉬운 방법으로 폭력을 행사한다.

1.

나의 과거를 돌아볼 때면, 나는 아무에게도 말하지 못할 기억의 잔재들 틈새에 자리한 타인에 대한 나의 무지와 잔인함 속에서 몸부림친다. 나는 어렸을 때 철저히 나를 위주로 돌아가는 세상에 살았다. 언젠가 사촌 언니는 나의 어린 시절에 대해 이렇게 말했다. 그때 네가 참 예뻤다고, 너무 귀여웠다고. 하지만 네 성격이 고약해서 걱정했었다고. 놀랄 것도 없었다. 내 남은 기억 속의 어린 나는 (예쁘다는 말을 지겹게 들은 나머지) 나만이 예뻐야 한다고 생각했고, 누군가에게 지는 것을 죽기보다 싫어했고, 내가 모든 것을 가져야 했으며, 자주 짜증을 부렸고 울었다. 그야말로 싸가지가 바닥이었다.

내가 기억하기로 나는 초등학생 때부터 인간관계에 문제가 많았다. 나는 험담하기를 좋아하는 아이였다. 나는 늘 친구를 비난했고, 내가 친구를 비난했다는 사실이 그 친구 귀에 들어가 절교를 당하기 일쑤였다. 내 입을 내가 통제하기 어려웠던 시절이다. 나는 혼자만 하면 되는 생각들을 입 밖으로 꺼낸 나를 탓했다. 늘 입이 싼 나를 탓했다. 당연히 상황은 나아지지 않았다. 문제는 가벼운 내 입이 아니라 내가 타인을 인식하는 방법에 있었으므로.

그 이후로 나는 내가 왜 이렇게 되었는지에 대해 줄곧 생각했다. 친구들이 내 곁에서 사라지는 이유를 고민했다. 나의 경우, 왕따는 연이어 발생하지 않았다. 나는 새학기가 될 때마다 새 친구가 생겼지만 그들은 곧 내 곁을 떠나갔다. 그러니 내게 무슨 문제가 있는 것이 틀림없었다. 돌이켜보면 세상에서 내가 제일 예쁘고 똑똑한 줄 알았던 나는, 이 세상에 나보다 예쁘고 성격이 좋은 타인이 있다는 사실을 좀처럼 인정하지 못했던 것 같다. 친구들이 나를 떠나고 나서야, 그런 일이 반복되고 나서야 나는 그런 마음을 버려야 한다는 것을 깨달았다. 이 세상에는 나보다 예쁘고 똑똑하고 성격이 좋은 친구들이 많았고, 나는 그들과 경쟁을 할 필요가 없다는 것도 깨달았다. 나는 그들의 마음을 닮아야 했다.

지금의 나는 내가 겪은 친구들의 집합이다. 손톱 사이에 모래알이 끼는 느낌이 싫어 놀이터에서 모래놀이도 하지 않았던 내가, 지금은 아무 곳에서나 철퍼덕 앉는 사람이 되었다. 이 습관은 고등학교 1학년 때의 친구를 보고 배운 것이다. 그 친구는 나보다 공부를 잘했고 인기도 많았는데, 가방을 바닥에 아무렇게나 처박아 두기 일쑤였다. 나는 누가 내 가방을 바닥에 놓으면 기분이 나빠지는데, 그 친구는 가방이 더러워지면 빨면 그만이라며 웃었다. 나는 처음으로 가방이 빨면 그만인 물건에 불과하다는 사실을 깨달았다. 나는 지금까지 왜 그렇게 화를 내고 짜증을 냈던가. 아직도 그날 그 친구의 환한 얼굴이 떠오른다.

　　그 외에도 나의 많은 습관들은 타인에게서 빌려온 것들이다. 내 안에서 나를 갉아먹는 못난 마음을 한 번에 없애기는 어려웠지만 친구들의 평온한 마음이 나를 움직였다. 나는 쉽게 기분이 상하고, 쉽게 짜증이 나는데 많은 친구들은 그렇지 않았다. 한 친구는 미안한 일에 미안하다고 솔직하게 말함으로써 내게 미안하다 말한다 하여 자존심이 상하는 것은 아님을 가르쳐주었다. 식당에서 물을 엎지르고 안절부절못하는 내게 다른 친구는 태연하게 물을 닦으며 물은 닦으면 그만이라고 말함으로써 많은 일들이 사실은 아무것도 아닌 일일 수 있다는 것을 내게 가르쳐주었다.

2.

나와 타자라는 대립은 타자에 대한 무지에서 기인한다. '나'는 '나'이기 때문에 잘 알지만 타자에 대해서는 알지 못하기 때문에 타자는 무서운 미지의 영역으로 의미화되어 우리에게 두려움을 심어낸다. 나는 소기를 키우면서 모든 동물이 소기의 눈을 하고 있다는 사실을 깨달았다. 소기는 어렸을 때부터 눈으로 말하는 강아지였다. 짖지 않았다. 그래서 나는 엄마와 너무 일찍 떨어진 소기가 짖는 방법을 배우지 못한 건 아닐지 걱정했다. 소기는 늘 원하는 것이 있을 때면 내 앞으로 와 눈으로 말했다. 그리고 그때부터 고양이가 무섭지 않게 되었다. 소기와 고양이는 똑같은 눈을 하고 있었다. 길냥이들의 눈은 가끔 충혈되거나 피부염을 앓고 있었지만 그래도 그 눈동자나 표정만큼은 소기의 얼굴과 다르지 않았다. 소기와 함께 월미도에 갔을 때 빠르게 하수구로 도망치는 쥐와 눈이 마주쳤을 때 나는 쥐의 눈도 소기와 같다고 생각했다. 까만 콩 같은 눈. 살고 싶어 하는 눈.

　나는 차츰 내가 과거 동물들에게 가졌던 무지에 대해 깨닫게 되었고 그 잔인함에 깜짝 놀랐다. 나는 내가 고양이들을 내쫓기 위해 후추를 뿌리려 했던 적이 있다는 사실, 그리고 그 방법을 고양이를 기르는 친구에게 물었다는 사실을 기억해내곤 기함했다. 도시에서 태어나 도시에서만 살았던 내게 길에서 사는 고양이란 음식물 쓰레기통을 뒤지며 나를 귀찮게 하는 해충에 불과했다. 진심으로 혐오했다. 나는 그들이 도시에서 살아내기 위해 최선을 다하고 있다는 생각은 꿈에도 하지 못했다. 나는 고양이들과 감정을 공유하는 일을 거부했던 것이다. 그래서 나는 고양이들에게 밥을 주면 된다는 단순한 해결책을 지독히도 받아들이기 싫어했다.

이처럼 과거 나를 스쳐 지나갔던 수많은 '너'들은 나의 적이었다. 그때 내가 잔인할 수 있었던 까닭은 내가 타인에 대해 지독히 무관심했고 그래서 타인의 감정을 무시했기 때문이다. 나만이 주목받아야 했던 나의 세계에서 '너'는 내 인생을 망치러 온 속을 알 수 없는 영원한 타자였다. 나의 사랑을, 인기를, 주목을 빼앗아 가는 적. 그래서 나는 내 곁을 스쳐 간 많은 사람들을, 그 소중한 인연들을 할퀴어 쫓아냈다. 때로는 뒤에서 험담을 했고, 때로는 많은 사람들 앞에서 망신을 주었을 것이다. 그리고 나는 결국 혼자가 되었다.

나와 타자를 대립적 관계로 설정하는 이분법은 단순히 미지의 영역으로 타자를 그리는 것이 아니라 괴물로 재현하게 한다.[14] 이러한 틀에서 우리는 결국 그 괴물을 없애거나 (죽이거나) 치료하여 나와 동일한 존재로 만들어야 한다고 생각하게 된다. 이러한 이분법은 서양철학의 근간이 되어왔고, 그러한 철학을 바탕으로 한 서구의 역사는 가히 주체와 타자의 역사라 할 만하다. 일생을 존재에 대해 말했던 하이데거Martin Heidegger가 나치에 부역한 일은, 그가 지금껏 말해왔던 그 '존재들'에 유대인이 포함되지 않았다는 단순한 사실을 드러낸다. 그가 추앙해 마지않았던 인간존재가 보편적 인간을 의미하는 것이라면, 유대인을 열등한 생물로 간주하여 그 혐오 하나만으로 학살을 일삼은 나치에 어떻게 부역할 수 있단 말인가. 그에게 유대인은 타자였고, 그런 점에서 인간이 아니었던 것이다.

이러한 인식은 우리 주변에도 늘 자리한다. 대학원에 입학하고 얼마 되지 않았을 무렵, 친구들과의 술자리에서 소위 '꽃뱀'에 대한 이야기가 나온 적이 있다. 꽃뱀이 실제로 있는데, 성폭행당한 여성의 말을 어떻게 다 믿을 수가 있느냐는 내용이었다. 당시 나는 아직 여성학의 언어를 나의 언어로 소화하지 못한 상태였고 그래서 그 질문에 답하고 싶지 않았다. 나는 꽃뱀과 꽃뱀이 아닌 여성이라는 이분법 자체에 문제를 제기하고 싶었으나 내가 입을 떼기가 무섭게 많은 사람들이 내게 질문의 융단폭격을 던질 것이었고 이미 그 자리에서 몇 번이나 그 꼴을 당했기 때문에 이제 더 이상 입을 떼고 싶지 않았다. 함께 술을 마시던 페미니스트가 "꽃뱀은 실제로 존재하지만"이라며 질문에 대한 답을 시작했을 때, 나는 정말로 내 의견을 밝히지 않기로 결심했다. 나는 그들과 이야기하고 싶지 않았고, 이야기할 수 있다고 생각하지 않았다.

하지만 지금은 말할 수 있고 설명할 수 있다. 나는 대립을 전제하는 이분법에 반대한다. 꽃뱀이라는 말은 (피해를 당한) 순수한 여성과 그렇지 않은 여성을 전제한다. 순수하지 않은 여성은 순수한 여성의 반대항이기 때문에 '어떤 여성이 순수한 여성인가'로부터 정의된다. 이를 철학적으로는 A와 not A로 나타낼 수 있는데, 세상의 존재들은 A와 A의 여집합으로 구성되어 있기 때문이다. 다시 말해, 순수한 여성은 존재하고(자기동일률), 순수한 여성은 순수한 여성인 동시에 순수하지 않은 여성이 될 수는 없으며(모순율), 모든 여성은 순수한 여성이거나 순수한 여성이 아니어야 한다. 중간은 없다(배중률).● 이러한 인식에서 A가 아닌 다양한 존재들은 지워지고 B, C, D 등 다른 존재들은 단순히 A가 아닌 존재로만 여겨지기 때문에 A가 누구인지에 따라 그 나머지 존재들이 정의된다.

많은 여성들이 성폭행을 당했을 때, '내가 무엇을 잘못했는가'에 천착하는 이유는 성폭행을 당했다는 이유만으로도 순수한 여성에서 이탈될 가능성이 존재하기 때문이다. 순수한 여성은 옷을 너무 야하게 입지 말아야 하며, 남성에게 (그게 무엇인지는 몰라도 아무튼) 여지도 주지 말아야 하며, 성폭력을 당했다 하더라도 합의금도 받아서는 안 된다. 피해는 값으로 매겨질 수 없는 것이기 때문이다. 반대로 순수하지 않

● 자기동일률과 모순율, 배중률은 형식논리학의 개념이다.

은 여성은 옷을 너무 야하게 입어 남성의 성욕을 자극하거나, 남성에게 애매한 여지를 주어 남성을 착각하게 하거나, 성관계의 대가로 돈을 받아 챙기는 여성이다. 여성의 순수성은 남성중심적 구조에 의해 정의되기 때문에 순수하지 않은 여성의 범주는 무한히 확장된다. 따라서 꽃뱀에 대한 물음은 순수하지 않은 여성이 있느냐 없느냐를 떠나, 순수한 여성이란 어떤 여성인지, 실제로 그러한 여성이 존재하는지에 대한 질문으로 재구성되어야 한다. 순수한 여성과 순수하지 않은 여성이라는 이분법 사이의 공고해 보이는 경계를 흔들어야 한다.

3.

내가 여성주의를 접하고 가장 많이 쓰는 단어는 '타자화'다. 여성학과에 들어와 첫 학기에 들었던 수업에서 누군가 수업을 듣는 유학생에게 "그 나라는 어때요?"라고 물은 적이 있다. 그때 수업을 같이 들었던 한 페미니스트는 그러한 질문이 불편하다고 말하면서 타자화하는 것을 경계해야 한다고 지적했다. 그는 해외에서 유학을 한 경험이 있었는데, 유학 시절 수업을 들을 때면 "한국은 어때요?"라는 질문을 지겹도록 받았다고 한다. 그는 우리가 한국의 모든 문제에 대해서, 모든 상황에 대해서 잘 아는 것이 아니듯 그 친구 또한 자기 나라의 모든 문제에 대해서 대답할 수 있는 것은 아니라고, 또한 이러한 질문은 그 친구가 모르고 대답했든, 알고 대답했든, 한국인이 다수인 이 수업에서 우리가 그 친구에게 대표성을 강제로 씌우는 일이 될 수 있다고, 그것은 폭력이라고 말했다.

나는 처음에 '타자화'라는 말이 너무나 어색해서 그 말이 무슨 말인지 이해하지 못했다. '대표성을 씌운다'라는 말도 이해하지 못했다. 그게 어째서 폭력이 될 수 있는지도 알지 못했다. 그러나 채 몇 달이 지나지 않아 나는 그 말을 전부 이해했다. 나에게도 동일한 일이 일어났기 때문이다. 나는 (한때 친구였을) 많은 사람들에게 여성학을 공부하고 있다는 이유만으로 모든 여성 이슈에 대해 질문받았고, 대답하기를 강요받았다. '강요받았다'라는 말로 표현하는 까닭은 그러한 질문에서 내가 대답하지 못하는 순간 그들의 입에서 혹은 머리에서 "역시 페미니즘은 별거 아니군" 하는 말이 울릴 것임을 알고 있었기 때문이다. 실제로 들은 적도 많았다. 나도 처음에는 모든 질문에 답해야 한다고 생각했다. 문제는 내가 그만큼 많이 아는 상황이 아니었고, 당시에만 해도 내가 하고자 하는 말을 나 자신도 따라잡지 못하고 있었으며, 지금처럼 불편함을 유려하게 설명해낼 수 없었다는 것이었다.

나는 많은 순간을 버벅거렸고, 채 말을 마치기도 전에 반박당했고, 은근한 조소를 받았다. 처음에 나는 상황을 제대로 인식하지 못했다. 내가 말을 하면 할수록 구렁텅이에 빠지는 느낌을 받은 것은 그때가 처음이었다.[*] 나는 언제나 말을 꽤 잘하는 사람이었는데, 사람들이 페미니즘에 대해 질문할 때면 그리고 그 질문에 답할 때면 늘 문제가 발생했다. 나는 이런 상황이 몇 번이고 반복되고 나서야, 사람들이 나에게 진실로 궁금한 것을 물어본 것이 아니었으며, '나'는 그저 정해진 답을 인정받기 위한 도구에 불과했다는 사실을 깨달았다. 그들은 페미니즘의 항복을 받아내고 싶었을 뿐이다. 그들은 성폭력이 권력의 문제인지에 대해서는 관심이 없었고, 그저 나를 궁지로 몰아 '남성은 여성에 비해 성욕이 크다'는 등의 구닥다리 논리를 페미니스트의 입으로, 페미니스트의 목소리로 들어냄으로써 항복을 받아내고 싶었을 뿐이었다.

어느 나라의 유학생이, 그 나라에서 태어났다는 이유만으로 그 나라의 모든 문제에 대해 답할 수 없듯, 나 또한 여성학 전공자라 하더라도 여성의 모든 문제에 대해서 답할 수 있는 것은 아니다. 칸트 전공자에게는 후설을 묻지 않으면서, 또 교육 불평등을 전공한 사람에게 노동시장에서 발생하는 성차별 문제의 해결책에 대해 묻지 않으면서, 여성학을 전공한 사람에게는 모든 분야를 막론하고 그저 묻는다. 여성학에

[*] 물론 지금도 내가 원하는 만큼 말을 유려하게 잘하지는 못한다. 공부를 하면 할수록, 아는 것이 많아지기보다는 모르는 것이 많아지고 있어 무지해서 용감했던 예전으로 돌아가지 못하고 있다.

도 분과가 있다. 물론 나의 경우는 노동이다. 나에게 누군가 여성들의 노동에 대해 묻는다면, 나는 언제고 내가 아는 선에서 내가 가진 생각을 대답할 수 있지만 내게 성매매나 성폭력, 에코페미니즘 등에 대해 묻는다면 나는 잘 모른다는 말밖에는 할 수 있는 말이 없다.

이 모든 일은 나의 존재가 누군가에게 타자화되어 있기 때문에 발생한다. 어떤 이들에게 페미니즘은 미지의 영역이다. 내가 아닌 존재이기에 내가 정의를 내려주어야만 하는 무엇이다. 그래서 이미 지금까지 많은 학자들이 누누이 성폭력은 권력관계의 문제라고 연구해왔음에도 불구하고 이를 인정하려 하지 않는다. 타자는 스스로 자신을 정의 내릴 수 있는 존재가 아니기 때문이다. 정의를 내리는 일은 주체만의 권력이다. 여성학을 공부하는 '나' 또한 마찬가지다. 나는 (주체가 인정한) 철학도 아니고, 사회학도 아니고, 학문인지 운동인지 알 수 없는 여성학을 공부하기 때문에 권위를 인정받을 수 없다. 나의 설명은 보편이 아닌 특수를 말한다는 점에서 이론이나 연구가 아닌 주장, 하나의 '썰'일 뿐이다.

4.

슬프게도, 대립을 전제하는 이분법은 남성중심적 시각에만 머물지 않는다. 사회에서 배제된 목소리라 해서 별나라에 살고 있는 것은 아니므로, 모든 주변인(서발턴)● 또한 이분법에 익숙해져 있고, 이분법적으로 사고할 수 있다. 여성학자 고미송은 페미니스트로서 가해와 피해, 억압과 피억압이라는 틀에 갇혀 있던 자신의 삶을 되돌아보면서 억압받는 사람 또한 이분법적 관점에서 억압자를 그려낼 수 있다고 주장한다.[15] 그는 성평등이라는 지향을 두고 한국의 여성주의가 피해자의 정치학을 작동시키고 있지는 않은지 질문하면서, 이에 대한 성찰이 요구된다고 말한다. 남성이 주체로 상정된 사회에

● 여기에서 서발턴이란, 탈식민주의 페미니스트 가야트리 스피박Gayatri Spivak의 개념으로 '주체화 과정에서 배제되는 타자 집단'을 지칭한다. 따라서 서발턴은 그 정의에 근거하여 말할 수 없는 존재들이다. 예를 들어, 인도에서는 남편이 죽으면 따라 죽어야 하는 '순장'이라는 관습이 있다. 이에 대해 서구 페미니스트들은 여성에게 자살을 강요하는 야만적인 문화로 간주하여 폐지되어야 한다고 주장한다. 반면 인도의 민족주의자들은 이러한 주장은 민족전통을 말살시키는 제국주의적 전략으로, 이들에 따르면 과부들의 자살은 강요된 것이 아니라 민족의 전통에 따라 선택된 것이다. 이러한 논쟁에서 실제 죽음을 맞이해야 하는 여성의 목소리는 침묵된다. 이처럼 스피박이 보기에 지식인들은 억압받고 있는 타자들을 대변하는 것처럼 보이지만, 실제로는 각자가 옳다고 생각하는 기준에 따라 서발턴들을 재현하고 있는 것에 불과하다. 따라서 자신의 헤게모니를 강화하기 위해 정치적으로 재현된 타자들이 아니라 이 과정에서 포섭되지 못한 잉여들에 주목해야 한다(가야트리 스피박 외, 『서발턴은 말할 수 있는가?: 서발턴 개념의 역사에 관한 성찰들』, 태혜숙 옮김, 그린비, 2013).

서 여성은 타자로서 남성이 아닌 존재이지만, 페미니즘이 여성을 주체로 다시 호명하고 있기 때문에 여성 또한 하나의 주체로서 남성을 '여성이 아닌 존재'로 그려내고 있는데 이러한 정치는 현실을 단순화할 뿐만 아니라 부적절한 대립을 야기한다는 점에서 문제적이다.

이러한 문제는 지금의 페미니즘 정치에서도 그대로 나타난다. 내가 『뉴래디컬 리뷰』 2022년 봄호에 기고했던 「페미니즘 대중화 시대, 페미니즘은 어떤 여성을 호명하는가」는 이러한 문제의식을 바탕으로 썼다. 나는 그 글에서 어떤 페미니즘이 여성 사이에 놓인 계급의 문제에 침묵하면서 여성을 단일한 주체로 호명하고 있으며, 이러한 호명이 다양한 여성들의 존재를 삭제하고 있음을 지적했다. 해당 글에서는 정체성의 정치를 중심으로 사안을 분석해보았으나 여기에서는 대립적 이분법을 중심으로 다시 사건을 재분석해보도록 하겠다. 정체성 정치와 대립적 이분법은 분리된 개념이 아니라 서로 연결되어 있는 상호보완적인 개념이기 때문이다.

2016년 7월, 이화여대 학생들은 평생교육단과대학을 설립하겠다는 학교의 결정에 반대하여 점거농성을 시작했고, 학교는 이러한 학생들에 맞서 대화를 시도하기보다는 경찰을 투입하여 이를 저지하고자 했다. 이 과정에서 학생들은 순수한 이대인과 그렇지 않은 이대인을 구분하여 순수한 이대인에게만 시위에 참여할 수 있는 권리를 부여했다. 여기서 순수한 이대인은 정치세력과 연결되지 않은, 이해관계를 떠나 순수하게 이 사안에 대해 반대하는 '보통의' 이대인이자 다른 학교를 나오지 않은, 이대에서만 학부를 보낸 이대인으로 설정되었다. 이 결과, 학생운동을 했던 혹은 하고 있는 학생, 다른 학교에서 편입을 한 학생, 다른 학교에서 학부를 나온 대학원생 등 많은 이대인들이 배제되었다.

그럼에도 시위는 성공적으로 마무리되었고, 이러한 '구별짓기' 전략은 다른 시위에서도 유효하게 이용되었다. 이런 식의 페미니즘 정치에서 젠더는 여성과 여성이 아닌 존재로 재구성되었다. 그런 점에서 터프(TERF, Trans-Exclusionary Radical Feminist)의 성향을 가진 페미니스트가 대거 등장한 것은 우연이 아니었다. 여성이 주체로 호명될 때, 여성이 아닌 존재들은 부정적인 개념으로서 무한히 확장된다. 여기서 순수한 여성은 여성의 몸을 가지고 태어났으며, 지금 이 시점에 남성중심적 권력과 공모하지 않는 여성을 의미한다. 따라서 이들이 볼 때, 남성으로 태어나 남성중심적 권력과 공모해온 몸들이 일순간 모종의 이유로 여성 되기를 선택했다고 하여 여성이 될 수 있는 것은 아니다. "여성의 정체성은 몸으로 증명되어야 한다. 수술되지 않은 몸. 타고 태어난 몸. 원하지 않아도 살아낼 수밖에 없었던 바로 그 몸." 동일한 맥락에서 결혼을 한 여성들 또한 가부장제와 공모한다는 혐의를 받게 되었고 배척되었다. 특히 남아를 낳은 엄마들은 더더욱 한남

파트 1

충의 모태로 격하되고 비난받았다.

　이런 식으로 미러링은 단순히 혐오를 되받아치는 행위가 아니라 남성과 남성이 아닌 존재로 구성되어 있던 사회의 대립적 이분법을 뒤집어 놓음으로써, 다시 말해 여성과 여성이 아닌 존재로 뒤집어 놓음으로써 페미니즘 대중화의 판도를 새로 구성했다. 그러나 그렇게 대립항을 다시 설정한다 하더라도, 세상이 남성중심적이라는 사실 자체가 변할 수는 없기 때문에 페미니즘 대중화 이후 페미니즘 정치는 남성중심적 사회에서 '모든 것을 하지 않겠음'으로 나타났다. 비혼, 비출산에서 나아가 비연애, 비섹스를 추가한 4B는 여성으로 태어나 남성중심성에 공모하지 않겠다는 선언으로도 독해될 수 있지만 동시에 그러한 행위를 하고 있는 여성들에 대한 비난으로 작동할 수 있는 토대를 만들었다.

　페미니즘 대중화 이후, 나는 페미니즘이 지나치게 여성들의 분노를 유발하는 데 치중하고 있다고 본다. 물론 나에게도 그런 분노가, 있다. 내가 어쩌지 못하는 나의 마음. 네가 불행하길 바라는 마음. 내가 괜찮은 만큼이나 네가 괜찮지 않기를 바라는 마음. 바란다는 말로는 부족할, 기도하는 마음. 기원하는 마음. 왠지, 네가 행복한 모습을 한순간도 용납할 수 없는 그런 마음. 되갚아 주고픈 마음. 나와 같아지기를 바라는 그런 마음. 내게도 그런 마음이, 그런 순간이, 그런 나날이 있었고, 지금도 그렇기에 나는 그 마음을, 그 분노를 이해한다.

　하지만 나는 나의 이런 마음이 나를 좀먹을 뿐이라는 것을 안다. 확인하기 위해서, 나보다 불행한지 확인하기 위해서 너를 뒤쫓고, 뒤쫓다 결국 나를 미워하고 한심해한다. 그러나 내가 널 궁금해하는 것만큼이나 넌 나를 궁금해하지 않을 것이다. 너는 이 사회에서, 나보다 덜 아플 것이다. 네 잘못이 아니라고 말할 테니까. 그래서 너는 나보다 덜 후회할 것이다. 그래도 괜찮으니까. 그래서 너는 나보다 더 행복할 것이다, 너는 가해자이기 때문에. 그러나 나는 그럴 수 없고, 너를 뒤쫓고, 나와 비교하고, 나를 갉아먹고, 너와 비교하다 나의 불행을 자초할 것이다. 나는 피해자이기 때문에.

　그러나 이러한 분노의 종착역이 항상 가해자인 것은 아니다. 우리는 분노를 가해자, 즉 개인에게서 거두어 사회를 향해 겨눌 수 있다. 철학자 누스바움Martha C. Nussbaum은 개인적 분노가 사회적 분노로 치환될 때, 분노는 사회적 구조를 바꿀 동력이 될 수 있다는 점을 지적했다. 누스바움이 보기에 분노는 부당하거나 부적절하게 행해진 고통을 동반하는 행위에 대해 그 행위를 유발한 사람에게 갖는 감정으로, 보복의 욕망을 가진다. 보복의 욕망을 지닌다는 점에서, 혐오라는 감정과 유사성을 띤다. 분노가 혐오로 치환되지 않기 위해서는 인과적 사고와 옳고 그름에 대한 판단이 필요하다. 여기에서 개인적 분노의 사회적 전환이 필요하다. 응징에 대한 욕구를 사회적 안녕에 맞추고, 자신을 분노하게 한 사회적 상황을 바꾸려 노력할 때, 분노는 사회 변화를 이끄는 긍정적인 감정이 될 수 있다. 즉, 여성의 분노가 사회적 구조를 향할 때, 다시 말해 남성중심적 구조를 향할 때 우리는 구조를 변화시킬 수 있는 가능성을 지니게 된다.[16]

남성과 여성이라는 대립쌍으로 구성된 이분법적 토대 위에서 분노가 구성될 때 우리가 제안할 수 있는 대안이란 고작 '파괴'에 지나지 않는다. 여성과 여성이 아닌 존재들로 구성된 남성중심적 세계에서, 여성이 안전하기 위해서는 여성이 아닌 모든 존재를 공격해야 한다. 모든 남성을 가해자로 돌리고, 그들을 한남을 넘어 벌레로 호명하고 갈등을 부추기는 것이 해결책이 될 수 있을까? 이미 일부 여성들은 이러한 페미니즘에 피로감을 호소하고 있다. 내가 진행하고 있는 한 연구에서 만난 20대 여성들은 페미니즘이 자신이 겪는 억압의 일부를 설명해주기는 하지만 이 억압을 어떻게 탈출할 수 있을지에 대해서는 가르쳐주지 않는다고 답했다. 어떤 친구들은 페미니즘에 너무 깊이 파고들면 모든 게 문제여서 세상을 살아가기가 힘들어 커뮤니티 활동을 자제하고 있다고 말했다.

그렇다면 지금의 페미니즘이 이들에게 할 수 있는 제안은 무엇인가? 우리가 잊고 있는 것은 무엇인가? 나는 이제 이 답을 이어지는 세 개의 장에서 풀어내고자 한다.

파트 2

4장

계급×여성

마르크스주의에서 바라본 자본주의 사회의 계급은 생산수단의 소유 여부에 따라 나뉜다. 생산수단을 소유하고 노동자들을 부려먹으면 '부르주아(자본가)' 계급이고, 생산수단을 가지고 있지만 자기 자신을 부려먹으면 '프티부르주아(자영업자)'이며, 생산수단이 없고 누군가에게 부려먹혀야 생존할 수 있다면 '프롤레타리아(노동자)'다. 마르크스의 상상 속에서 노동자들은 노동자들 사이에 존재하는 차이에 관계없이, 즉 누가 돈을 더 많이 벌고 돈을 덜 벌고와 상관없이 자신이 노동한 대가를 정당하게 지급받지 못하고 있고, 태생적으로 자본가에게 착취당할 수밖에 없으므로 계급의식을 바탕으로 연대할 수 있으며 그런 점에서 혁명의 씨앗이었다.

　마르크스의 시대가 지고, 자본주의가 발전함에 따라 '계급' 개념은 많은 비판을 받았다. 이제는 계급이 없다는 사람도 있었고, 여전히 계급이 유효하다는 사람도 있었다. 생산수단만이 아닌 문화 영역을 함께 고려해야 한다는 사람도 있었다. 그래서 이제는 계급보다 계층이라는 말을 선호하는 사람도 있다. 그러나 나는 여전히 '계급'을 더 선호한다. 우선 어떤 가정에서 태어났느냐에 따라 우리 인생의 길이 어느 정도 정해지기 때문이고, 그런 점에서 자원 분배의 불평등을 직접적 문제로 가리키기 때문이다. 무엇보다 나는 사람들 사이에 존재하는 물질적 자원의 차이를 강조하는 계층보다 계급이라는 개념이, 여전히 우리가 어떤 면에서 서로를 이해할 수 있고 협력할 수 있다는 사실을 강조한다는 점에서 변화를 이끌어낼 수 있는 개념이라고 생각한다.

1.

대학 시절 나는 종종 '프티부르주아'라는 말을 들었다. 나의 아빠가 실제로 생산수단을 소유했기 때문은 아니었다. 나의 아빠는 완성차 공장의 정규직 노동자다. 그러니까 소위 세상이 말하는 '귀족노조'다. 그래서 나는 대학 시절 내내 학비를 한 번도 내 손으로 낸 일이 없다. 아빠 회사는 '성적에 관계없이' 전액장학금을 지급했으므로, 나는 성적을 잘 받아야 한다는 강박도 없이 내 마음대로 학창 시절을 즐겼다. 나는 국가 장학금이 뭔지도 몰랐다. 학자금 대출을 어떻게 받는지도 대학원에 들어와서야 알게 되었다. 학비가 따로 안 들었으므로 용돈도 넉넉했다. 내게 대학 시절은 늘 돈에 쪼들리는 삶이었지만, 그것은 아빠의 문제가 아니라 술 한잔에 마치 세상의 이치가 녹아 있는 것처럼 착각한 나의 생활이 빚어낸 결과였을 뿐이다.

그래서 나는 종종 '프티'라는 말을 들었다. 농담이었기 때문에, 그리고 실제로도 농담처럼 느껴졌으므로 나는 가볍게 웃어넘겼다. 내 주변에는 나보다 어려운 환경에서 공부를 하는 친구들이 많았다. 나는 사실 내가 내 생각보다 더 잘사는 축에 속한다는 사실에 처음에는 신기했고 기분이 좋았던 것 같기도 하다. 당시 나는 아빠의 연봉이 1억이 넘는다는 것만 알았지 구체적으로 얼마인지는 알지 못했고, 아빠가 어떻게 일하는지에 대해서도 관심이 없었으므로 그 급여가 절대적으로 많다는 사실을 깔끔하게 인정했다. 전문직 부모를 둔 친구들이 그렇게 말해도 그저 웃어넘겼을 뿐이었다. 그 돈이 어떻게 벌리는 줄도 모르고.

노동시간에 대한 석사논문을 쓰면서 나는 그제야 아빠가 어떻게 일하는지 알게 되었다. 완성차 업체들은 아주 오래 전부터 2교대 근무를 시행해왔다. 내 유년 시절 아빠는 매주 낮과 밤이 바뀌었다. 새벽에 출근하는가 하면 그 다음주에는 저녁에 출근했다. 그래서 우리는 아빠가 잠을 자는 주간이면 늘 집 안에서 조용히 있어야 했다. 엄마는 늘 아빠가 배고플 때면 먹을 수 있도록 방 안에 빵과 우유를 준비해 두었다. 아빠는 힘들다는 말은 절대로 하지 않았으므로 어린 나는 사람이 그렇게 낮과 밤을 바꾸어 살아도 아무 문제가 없을 것이라 생각했다.•

그리고 그 문제의 연봉 1억. 1억을 벌기 위해 아빠는 밤이고 낮이고 주말이고 일을 했다. 어떤 때는 집에서 쉬다가 회사의 전화를 받고 출근을 하기도 했다. 외환위기가 바꿔놓은 우리 집의 풍경이었다. 부도가 나기 전만 해도, 우리는 주말이면 도시를 벗어나 근교에서 소풍을 즐겼다. 그러나 외환위기가 터지고, 회사가 휘청하고, 희망퇴직자들의 명단을 받고, 애타는 마음으로 해고되지 않았다는 전화를 받기까지 우리 집은 살얼음판을 걷고 있었다. 해고된 노동자들은 거리에서 마지막 화염병을 던지고 있었고, 어떤 노동자는 공장의 굴뚝 위에서 살았다. 이후 회사는 유명한 해외 자동차회사에 인수되었고, 점차 공장은 다시 가동되기 시작했다.

그날 이후 아빠의 삶은 크게 바뀌었다. 언제 잘릴지 모른다는 두려움은 노동자들로 하여금 일할 수 있을 때 바짝 벌어야만 한다는 사실을 각인시켰고, 그렇게 노동자들은 주말도 없이 일을 했다. 엄마는 너무 무리해서 일을 하면 안 된다고 아빠를 말렸지만, 아빠는 오늘 하루만 가서 일하면 더 많

● 그러나 2교대 근무는 남성 노동자들에게 육체적인 피로와 정신적 스트레스를 준다. 기업들은 이러한 문제를 해결하고자 '남성 생계부양자 모델'을 전적으로 지원해왔다. 쉽게 말해, 아내들이 일을 하지 않아도 될 만큼의 충분한 급여를 지불하여 남편들을 내조하도록 한 것이다. 이에 대해서는 현대자동차 사례를 다룬 다음 연구를 참고하라. 조주은, 『현대 가족 이야기』, 이가서, 2004. 최근에는 노동자의 건강권과 관련하여 문제가 제기되어 주야 맞교대에서 주간 2교대제로 변경되었다.

은 돈을 벌 수 있다고 말하며 차를 끌고 회사에 갔다. 한참 시간이 흐른 뒤에야 나는 완성차 업체의 기본급이 높지 않고 대부분 수당으로 채워진다는 것을 알게 되었다. 그러니까 연봉 1억은 연장노동 없는 표준적인 노동시간을 일했을 때는 받지 못하는 급여였고, 몇 시간의 연장노동과 주말노동의 수당을 합쳐야 나오는 숫자였던 것이다.●

　　그와 동시에 엄마의 삶도 바뀌었다. 집에서 쇼핑백을 접는 부업을 하던 엄마는 일을 시작했다. 내가 초등학교 3학년 무렵의 일이었다. 당시 1학년이었던 동생은 1시면 하교하여 혼자 보온밥솥에 있는 밥을 차려 먹었다. 당시 3학년이었던 나는 학교에서 점심을 먹고 귀가했기 때문에 동생을 돌봐줄 수 없었다. 엄마는 이 사실을 몹시 미안해했다. 엄마는 그때도 최저임금 수준의 급여를 받으며 일했다. 내가 중학생일 때까지는 대형마트에 있는 옷가게에서 일했지만 그 이후에는 여러 가지 일을 전전했다. 내가 대학생이었을 때도 엄마는 계

●　　그래서 아빠는, 아빠의 동료들은 문재인 정부의 연장노동시간 단축을 환영하지 못했다. 그들에게 주 52시간에 맞춰 일을 한다는 것은 어마어마한 급여 삭감을 의미했기 때문이다. 이미 최대한으로 일을 할 계획으로, 그 급여에 맞추어 생활해온 사람들이었다. 지출을 줄이는 데에도 시간이 필요하다. 바로 이것이 노동시간을 단축하기보다는 우선적으로 급여체계를 변경해야 하는 까닭이다. 낮은 기본급과 여러 가지 수당으로 만들어진 급여체계는 장시간 노동에는 적합할지 몰라도 단시간 노동에는 취약하다.

속 일을 했지만 당시 나는 집에서는 거의 잠만 잤으므로, 엄마가 무슨 일을 했는지는 정확히 기억나지 않는다. 아마도 함바집이나 김밥집에서 근무를 했던 것 같다. 그때 나는 세상의 '대의'*에 관심이 많았고 집에는 거의 막차를 타고 들어오기 일쑤였다. 그마저도 4학년 때는 친구들의 자취방을 전전하며 주로 일요일에만 집에 있었다. 그래서 나는 그 무렵 엄마가 어떤 일을 했는지, 어떻게 살았는지, 어디가 아팠는지에 대해서는 전혀 아는 바가 없다. 하지만 그때도 엄마는 서서 일했으므로 다리가 부었을 것이고, 무릎이 아팠을 것이고, 가끔 쥐가 났을 것이다.

그럼에도 나는 대학 시절에 '프티부르주아'였다. 나의 부모님이 하루 종일 서서 일한다는 것, 공장에서 화학물질들에 노출된다는 것, 낮과 밤이 매주 바뀌는 일상을 보낸다는 것, 매일 식재료를 다듬고 무언가를 써느라 팔목이 남아나질 않는다는 것, 하루 종일 서 있는 자세로 인해 발가락이 튀어나와 통증을 달고 산다는 것, 종종 주말에도 쉴 수 없다는 것, 이 모든 사실은 간단히 삭제되고 그 돈 1억만이 남았다. 숫자가 중요했다. 중요한 건 숫자였고, 상대적으로 부유한 노동자라는 점에서 나는 프티부르주아였다.

●　　물론 그런 건 존재하지 않았다. 그저 친구와 술과 헛소리에 관심이 많았을 뿐이다.

2.

내가 쓴 『시간을 빼앗긴 여자들』의 「들어가며」에는 나의 엄마의 생애가 기록되어 있다. 물론 내가 바라본 나의 엄마의 삶이다. 학생운동을 하던 시절부터 나는 가끔 엄마의 젊었을 때를 궁금해했고, 그 시절의 이야기를 듣고자 부러 그 시절 여성 노동자들의 투쟁을 그린 다큐멘터리를 함께 보면서 엄마에게 물어보기도 했다. 엄마도 저렇게 일했어? 하고 내가 물으면 엄마는 시골에서 도시로 상경하여 어떤 생활을 했는지에 대한 이야기를 들려주었다. 가난한 시골집의 다섯째였던 엄마는 돈이 벌고 싶었고, 돈을 벌기 위해 도시로 상경했고, 그래서 할머니의 마지막을 보지 못했다. 할머니는 엄마가 성인이 되기 전에 돌아가셨는데, 그때 엄마는 세상에 홀로 남겨졌다고 느꼈고 엄마의 뒤를 따라가고 싶어 했다. 하지만 엄마는 나와 동생을 낳으면서 오랫동안 우리 곁에 머물러야겠다고 결심했다. 엄마가 일찍 떠난 아픔을 우리에게 물려주지 않아야겠다고 결심했다.

　나는 내 글을 통해서 이 노동자들의 이야기가 저 멀리 어느 다른 별에서 살아가고 있는 알지 못하는 사람의 이야기가 아니라, 나의 엄마 이야기이자 당신의 엄마 이야기일 수도 있다는 것, 혹은 가족이 아니더라도 당신이 일상적으로 마주하는 어떤 여성의 이야기일 수 있다는 것을 말하고 싶었다. 내가 모르는 사람이 아니라, 내가 아는 사람의 이야기일 수도 있다고 말하고 싶었다. 그런 삶을 살아낸 여성들에게도 자신의 삶이 있다는 것을, 가족이 전부가 아니라는 것을 알리고 싶었다. 미지 속에 존재하는 여성 노동자의 모습을 당신의 머릿속에 그려주고 싶었다. 그리고 학문을 공부하는 노동계급 자녀들에게, 당신이 혼자가 아니라고 나와 같은 사람도 있다고 알려주고 싶었다.

그러나 책이 발간되자, 세상은 나의 엄마가 버스 안내양이었다는 것에 주목했다.● 어떤 기사는 엄마의 인생을 두고 '기막힌 인생사'라 표현하며 엄마가 얼마나 많은 일들을 했는지 전시했다. 나는 일순간에 우리가 인간동물원(프릭쇼)◆의 인간이 된 느낌을 받았다. 얼마나 신기한지 보라며 우리에 가둬놓은 인간이 된 것 같았다. 엄마와 나는 우리도 모르는 사이에 '전시'되고 있었다. 행복했던 우리의 삶이 '절박한' 삶이

● 엄마는 단행본이 발간되기 전에 미리 나의 글을 읽어보았는데, 글을 통해 그려진 엄마의 삶이 너무나 힘겹게 느껴지는 것을 우려했고 그래서 우리는 몇몇 구절을 수정했다. 나는 그때까지만 해도 언론에서 나의 책을, 그리고 엄마의 삶을 주목할 거라고는 생각조차 하지 못했기 때문에, 나의 전체 글에서 그 글이 어울리는지, 나의 주장을 해치지는 않는지만을 고려했다. 그래서 섬세하지 못했다.

◆ 프릭쇼란 17~18세기에 영국과 미국에서 흥행한 것으로, 서구의 비장애인들과 생김새가 다른 원주민들이나 장애인들을 모아 전시했던 쇼다.

되어 있었다.[17] 나는 엄마가 그런 기사들을 읽지 않기를 바랐지만, 가족들 중에서 내가 처음으로 책을 썼기 때문에 신이 난 아빠는 일가친척들에게 모두 전화를 돌리다 못해 나의 책을 홍보하는 기사들을 모조리 찾아 엄마에게 공유했다. 그래서 엄마는 그 글들을 모두 읽었다.

엄마는 한동안 그 글에 대해 나에게 말하지 않았지만 얼마간의 시간이 지난 후 자기 이야기를 이제 쓰지 않았으면 좋겠다고 부탁했다.• 나는 그 말을 듣자마자, 알겠다고 답했다. 미안하다고도 말했다. 나 또한 예상하지 못한 일이었고, 만약 우리 가족의 삶이 이런 방식으로 마치 특이한 존재를 보듯 전시될 줄 알았다면 나는 그런 글을 쓰지 않았을 것이다. 엄마는 자신의 이야기로 인해 내가 가난한 사람으로 여겨질까 걱정했다. 우리 집은 그런 집이 아닌데, 괜히 자신 때문에 내가 가난하게 여겨지고 사람들에게 그렇게 받아들여지고 쓸데없는 배려(라는 이름의 배제)를 당할까 우려했다.

대부분의 기사들은 노동계급 자녀가 노동 연구를 했다는 것이 대단한 일인 양 홍보했다. 물론 내가 노동계급 자녀였기 때문에 노동자들과 비슷한 위치에서 문제를 바라볼 수 있었고 때로는 엄마의 도움을 받아 왜 노동자들이 그런 생각

•   최근에는 다시 '네가 돈을 벌 수만 있다면, 자신의 이야기를 글로 써도 된다'고 입장이 바뀌었다. 이 글은 엄마뿐만 아니라 아빠의 이야기도 등장하기에 부모님 두 분의 검토를 받았다.

을 하는지에 대해서 더 잘 이해할 수 있었기에, 그 말은 언뜻 보기엔 그저 사실을 기재해놓은 것에 불과할 수 있었다. 그러나 지금까지 나의 계급으로 인해 손쉽게 타자화된 경험을 했던 내가 느끼기에 그 홍보들은 노동계급 자녀가 이렇게 연구를 할 수 있다니라는 놀라움의 표현이었고 그래서 불쾌했다.

엄마는 내 글로 인해 본인도 가난한 사람으로 비칠까 걱정했다. 그래서 회사 사람들에게 나의 책을 홍보한 아빠와는 달리, 엄마는 회사 사람 누구에게도 내가 책을 썼다는 사실을 말하지 않았다. 고임금을 받는 노동계급의 상층에 위치한 아빠에게 나의 책을 홍보하는 일은 경제력이 없는 아빠가 되는 것이 아니라 딸을 잘 키워낸 아빠가 된다는 점에서 자랑스러운 일이었지만, 노동조건으로 따지자면 노동계급의 하층에 위치한 엄마에게는 무능력한 남편을 둔 여성으로 추측된다는 점에서 일종의 낙인으로 작동할 수 있었기 때문이다.

3.

어떠한 성별로 태어났느냐에 따라 주어지는 혜택이 다른 사회에서 남성의 계급, 즉 남편이나 아버지의 계급은 손쉽게 가족의 계급으로 치부된다. 물론 이는 우리 사회가 남편이 밖에서 돈을 벌고 아내가 가정을 돌보는 것을 이상적인 가족으로 여겨왔기 때문이라고 생각할 수 있다. 그러나 그러한 보통 가정, 혹은 평범하고 정상적인 가족은 실제 역사에서는 그리 많지 않았다. 권력이 있는 사람들은 언제나 소수였지만, 그들의 목소리가 사회의 보편으로 자리 잡아왔기 때문이다. 실제 과거 많은 노동계급의 아내들은 남편의 소득만으로는 생계를 꾸리기가 어려웠기 때문에 동네 사람들의 일손을 돕고 대가를 받거나 가내 수공업을 통해 가정을 돌봤다. 그러나 이들의 소득이 남편에 비하면 그리 크지 않았고 남편의 자존심을 위해 어떤 면에서 언제나 주변적인 것으로, 부수적인 것으로 여겨져야만 했기 때문에 여성들의 노동은 지워지고 언제나 가족을 위해 가정을 돌보는 모습으로만 상상되어왔다.

여성의 자리는 언제고 가족이었고, 가족으로 상정되었다. 그래서 어떤 계급의 여성들은 자신이 하는 일이 '일시적'인 것이라 주장해야만 노동현장에서 안전할 수 있었다. 부유하고 공부를 많이 한 여성들의 경우, 임금노동은 자아실현으로 해석되지만 생계를 위한 노동을 해야 하는 여성들에게 노동은 노동일 뿐 자아실현이 되지 못한다. 학자, 작가, 변호사, 의사, 간호사 등 경력을 쌓을 수 있는 직종은 미래를 향해 나아가는 하나의 경로를 그려내지만 도대체 누가 화장품을 주입하거나 포장하고, 전자부품을 납땜하고, 계산을 하거나 하루 종일 앉아 고객의 전화를 받아내는 일을 '꿈'이라 말할 수 있겠는가. 이런 일들은 '노동'일 뿐 자아실현이 되지 못한다.●

여기에 '나이'라는 하나의 선이 덧대어지면, 여성들은 더욱더 취약한 노동 지위를 점하게 된다. 비하와 무시와 억압이 그 어느 곳보다도 극심한 중년 여성 집중 사업장에서 계급은, 폭력에 노출되어도 아무것도 할 수 없는 사람이 되는 것을 의미함과 동시에 그럼에도 불구하고 일을 그만둘 수 없는 사람이 된다는 점에서 나약함 그 자체를 의미한다. 상대적으로 젊은 여성이라면, 일자리를 옮기는 일이 그리 어려운 일이 아닐 테지만 나이가 든 여성에게 일자리를 옮기는 일은 매우 어렵기 때문에 여성들은 되도록 어떠한 폭력도 감내하려 한다. 관리자들 또한 이 사실을 알고 있다. 최근 내가 인터뷰한 중년 여성 노동자가 일하는 공장에서는, 관리자가 아침 조례 시간에 중년 여성에게는 인사를 하지 않고 아르바이트 근무자들에게만 인사를 건넨다고 한다. 중년 여성은 인사를 하지 않아도, 자신이 인간 대접을 해주지 않아도 여기에 있어야만 하는, 그럴 수밖에 없는 존재이지만, 아르바이트의 경우 다른 곳으로 언제든 옮겨 갈 수 있기 때문에 최대한 붙잡아두기 위해서는 잘 대해주어야만 하는 것이다. 이처럼 노동의 불안정성 또한 나이와 성별 그리고 계급을 교차한다.

● 　노동자가 이 노동을 '자아실현'이라 생각하지 못한다는 의미가 아니라, 실제로 이 일을 꿈꾸는 사람이 있다 하더라도, 사회가 이를 '자아실현'으로 의미화하지 않는다는 뜻이다. 이 일들은 사회적으로 인정받지 못한다.

그래서 노동계급 여성들에게 '일'은 일시적인 것이어야만 했다. 이들에게 임금노동은 "사실 제 남편이 돈을 잘 못 벌거든요"라는 말로 해석될 수 있었고 그런 점에서 낮은 계급임을 자인하는 것이 되기 때문이다. 실제로도 노동계급 여성들은 자신이 일을 하는 이유가 '용돈벌이'라고 주장해야만 안전할 수 있다.● 물론 집 안에서도 마찬가지다. 남편들은 아내가 버는 돈을 고작해야 용돈벌이에 불과하다고 여기기 때문에 크게 관심을 두지 않고, 그래서 여성들은 자신의 돈을 자기 스스로 유용할 수 있게 된다. 만약 용돈이 아니라면, 남편은 아내의 벌이에 큰 관심을 가질 것이고 몇몇 여성들은 자신이 번 돈을 마음대로 사용하기 어려워질 것이다.

이처럼 계급은 여성의 현실을 가로지른다. 따라서 계급에 대해 이야기하지 않고, 여성만을 이야기하는 일은 어떤 여성들의 삶을 지우는 일이 될 수 있다.◆ 여성학자 벨 훅스bell hooks는 『페미니즘: 주변에서 중심으로』에서 페미니즘이 노

● 실제 자신의 벌이가 생계비로 사용되고 있음에도 불구하고 용돈벌이라 주장해야 더 안전한 위치를 점할 수 있는 여성 노동자들은 많은 경우 노동조합이 결성되고 나서야 '생계비를 벌러 왔다'고 주장할 수 있게 된다. 방패막이라고는 남편의 계급뿐인 여성 노동자들은 노동조합이 방패가 되어줄 때에야 비로소 자신의 노동권을 요구할 수 있게 되는 것이다.

◆ 마찬가지로, 성별(젠더)에 대한 고려 없이 계급을 말하는 일도 어떤 노동자들의 삶을 삭제한다. 이에 대해서는 다음을 참고하라. 조순경, 『노동의 유연화와 가부장제』, 푸른사상, 2011.

동에 대한 문제에 침묵함으로써 모든 여성을 대변할 수 없게 되었음을 지적한 바 있다. 베티 프리단Betty Friedan이 명명한 '이름 없는 문제'●는 특권층 백인 여성의 문제였을 뿐 모든 여성의 문제가 아니었다. 당시에도 많은 여성들은 저임금을 받으며 몸을 쓰는 일을 하고 있었기 때문이다.

실제로 많은 노동계급 여성들은 '이름 없는 문제'를 겪고 싶어 한다. 문화센터를 다니며 한가롭게 일상을 보내는 일은 나의 엄마의 꿈이다. 엄마는 간혹 내게, 자신이 이렇게 오랫동안 일을 하게 될 줄은 몰랐다며 집에서 놀고 싶다고 말한다. 내가 인터뷰한 중년 여성들도 그렇게 말했다. 매일 서서 일해야 하는 삶의 무게가 집에서 가사노동을 하는 삶의 무게와 같을 수 있을까. 우리가 모두 비슷한 수준의 착취를 당하

● 페미니스트 사회심리학자인 베티 프리단이 개념화한 '이름 없는 문제(이름 붙일 수 없는 문제)'란, 중산층 주부들의 고독감과 소외감을 의미한다. 제2차 세계대전 이후 형성된 미국 중산층은 대개 도시 중심부가 아닌 교외에서 가정을 꾸렸는데, 결혼 전 임금노동을 했던 많은 여성들은 고립되어 가정을 위해서 헌신할 수밖에 없었고, 이로 인해 우울해했다. 하지만 가정을 돌보는 일은 여성들이 마땅히 즐겁게 해야만 하는 일이었기 때문에 많은 여성들은 이 문제를 말하기 어려워했다. 베티 프리단은 '이 문제'를 '이름 없는 문제'로 호명함으로써 많은 여성들이 느끼고 있던 소외감이 개인의 문제가 아니라 사회구조에서 비롯된 문제임을 드러내어 미국 여성운동에 불을 지폈다(베티 프리단, 『여성성의 신화』, 김현우 옮김, 갈라파고스, 2018). 영화 〈디 아워스〉(2003)의 로라가 지닌 문제가 바로 이 '이름 없는 문제'였다.

고 있다고 말할 수 있나. 놀고 싶다는 그들의 말은 가사노동의 중요성을 모르고 논다는 것이 얼마나 자신을 가두어 두는 것인지 알지 못하는 허위의식일 뿐인가. 나는 그렇게 생각하지 않는다. 가사노동이 지겨워 공장에서 일하거나 계단을 청소하는 여성은 없을 것이기 때문이다.

4.

대학 시절 나는 나의 계급을 드러내는 일에 딱히 부끄러움이 없었다. 교수님의 영향도 컸다. 우리 과에 있던 유일한 여성 교수님은 늘 자신이 얼마나 어렵게 공부를 했었는지 아무렇지 않게 이야기해주시곤 했다. 어렵게 떠난 유학길에서, 선생님은 아이스크림 공장에 다니며 학업을 이어가셨다. 교수가 되어 은퇴를 앞둔 그때도 경기도에서 충무로까지 지하철을 타고 다니면서 검소하게 사셨다. 그렇게 모은 돈으로 우리에게 장학금을 주시는 분이었다. 우리에게 공부 좀 하라며 때론 험악한 말을 하시기도 했지만, 기본적으로는 우리 모두를 사랑하셨고, 그래서 나는 선생님을 존경했다.

우리 과에는 잘사는 친구들보다 어려운 친구들이 더 많았다. 내가 상대적으로 부유한 축에 속했으니 말이다. 그래서 나는 안전함을 느꼈고, 계급의 괴리를 느끼지 못했다. 선생님께서는 매년 우리에게 장학금을 주시곤 했는데, 장학금 선정 기준은 둘 중 하나였다. 학생회장을 하거나, 집안이 어렵거나. 선생님은 어떤 친구가 어떤 환경에서 공부하는지 관심이 많았고 그래서 몇몇 믿을 만한 친구들에게 누가 생활이 힘든지 물어보기도 하셨다. 그래서 사랑장학금을 받는다는 것은 학생회장을 제외하곤 가난하다는 의미로 받아들여질 수도 있었지만 우리는 누구도 그것에 대해 신경 쓰지 않았다. 학교에서 폐과를 하기 위해 이미 학생 수를 줄이고 있던 터라 학과의 구성원을 전부 합해도 80명이 채 되지 않았고, 그중에서 과 활동을 활발히 하는 사람은 채 50명도 되지 않았기 때문에 우리는 누구의 부모가 어떤 일을 하는지 훤히 알고 있었다. 내 아빠는 완성차 공장에 다니고, 누구 가족은 농사를 짓고, 누구는 건설업에 종사하고, 누구는 전기배선을 깔고, 누구는 이혼을 했고… 그래서 별문제가 되지 않았다. 우리는 이번 학기에 누가 장학금을 받았다는 이야기를 들을 때마다 그냥 그렇구나 했을 뿐이다.•

그러나 내가 노동운동을 하지 않기로 결심하고 다른 사회로 나오자 상황이 달라졌다. 나에게 대놓고 공격적인 말을

• 최근 동국대 철학과는 폐과를 앞두고 있다. 철학과의 폐과에 대한 소문은 내가 입학했던 2011년도 이전부터 꾸준히 있어왔기에 나와 내 친구들은 덤덤하게 그 소식을 받아들였지만 그래도 나는 나를 성장시킨 공동체가 사라지는 것에 씁쓸함을 느낀다.

파트 2

하는 사람은 없었지만, 나의 존재를 은연중에 지워버리는 사람이 많았다. 드라마 작가 학원을 다닐 때 어떤 선생님은 어렸을 적 자신의 집에서 기거하며 온갖 돌봄노동을 하던 식모 이야기를 하면서 그가 아버지와 붙어먹었을까 늘 전전긍긍했던 자신의 어머니 이야기를 늘어놓았다. 그 선생님은 마치 모든 사람의 집에 식모쯤은 있잖아, 라는 투로 이야기했지만 나는 그런 집의 사람이 아니었으므로 혐오와 동정의 경계, 그 아슬아슬한 선을 타던 그 이야기를 들으면서 처음으로 이질감을 느꼈다. 내가 있어야 할 곳이 아닌 자리에 있는 느낌이었다.

이후에도 나는 그런 말을 많이 들었다. 내가 안전할 수 있는 방법은 그저 웃어넘기는 것뿐이었다. 단순하게 생각하면 좋게좋게 넘어가는 방법으로 여겨지겠지만 나에겐 그렇지 않았다. 나에게 좋게좋게는 '웃음'으로써, 아무 말 하지 않음으로써 그들에게 동조하고 내 계급을 철저하게 숨기는 행위였다. 때로 내가 부모님을 부끄러워하고 있었던 것일지도 모른다는 생각이 나를 붙잡았다. 나는 웃지 말았어야 했다. 나는 말했어야 했다. 모든 사람이 그렇게 살고 있는 것은 아니라고, 나는 그렇지 않다고 말했어야 했다. 그러나 나는 말하지 못했고 한동안 내가 '좋게 넘어갈 수 있는 문제'를 두고, 마음이 넓지 못해 좋게좋게 받아들이지 못하는 것은 아닐지 고민해야 했다. 나는 어떤 의미로 나의 계급을 숨기고 융화되었어야 했다.

그러나 나는 몇 년간의 고민 끝에 결국 융화되지 않기로 결정했다. 그보다 나는 나의 계급을 드러내기로 마음먹었다. 나는 내가 무감하게 그러한 말들에 물들어 안전해지기보다는 부딪히고 상처받으며 예민해지는 편이 더 낫다고 생각했다. 그래서 때때로 나는 자신의 부유함을 뽐내며 남들의 부러움을 받아내는 일에 익숙한 사람들에게 미움을 받기도 했다. 한번은 식사 자리에서 소위 '높은 사람'에게 그릇을 가져다줄 일이 있어, 그릇을 앞으로 가져다주며 전달해달라고 말했다가 나중에 호되게 욕을 먹었다. 그릇은 뒤에서 사람이 모르게 두어야 하는 것이지 앞으로 전달하는 것이 아니라는 것이었다. 예의가 없다고 했다. 그러면서 그는 나에게 "시집가서 그렇게 하면 욕을 먹는다"고 조언인지 비난인지 모를 말들을 늘어놓았다. 나는 결혼은 하지 않을 것이라고 응수했다. 나는 상류층의 매너가 궁금하지도 않았고, 배우고 싶지도 않았고, 특히 돈이 없다는 이유로 누군가를 비난하는 도구를 습득하고 싶지 않았다.• 그 이후로도 듣는 둥 마는 둥 대충 대꾸했

• 이런 경험을 할 때면, 중학생 시절에 읽은 자기계발서의 한 구절이 생각난다. 그 자기계발서에는 가난하지만 아름다운 여성이 상류층 남성과 반대를 무릅쓰고 결혼한 후 시가의 예쁨을 받는 이야기가 실려 있었다. 그가 예쁨받을 수 있었던 이유는 그의 마음씨 때문이었다. 그는 손님에게 물을 줄 때도 레몬을 띄워 사례가 들리지 않도록 배려했다. 그 책은 자기계발서였으므로, 우리

다. 나는 나의 문화를 존중하지 않는 사람들의 문화를 존중할 마음이 없었다. 모든 사람은 존중받을 가치가 있으며, 높은 지위에 있는 사람만을 우대하는 문화는 바뀌어야 한다고 생각했다. 그래서 한동안 나는 그에게 미움을 받았다. 상처받지 않았다고 말할 순 없지만, 그들이 원하는 만큼 상처받은 것은 아니었다.

그제야 나는 나의 계급이 타자화되고 있다는 것을 깨달았다. 그리고 지금까지 내가 부유한 축에 속했기 때문에 안전할 수 있었다는 사실도 깨달았다. 대학 시절 내가 속한 그룹에서 정기적인 아르바이트를 해야만 하는 사람은 거의 없었다. 우리는 부모님이 등록금을 내주었고, 부족하지 않은 정도로 용돈을 받았고, 아주 가끔씩 술값으로 인해 펑크 난 생활비를 메꾸고자 비정기적인 아르바이트를 할 뿐이었다. 그마저도 알바비가 들어온 당일 술값으로 탕진하기 일쑤였다. 본

모두가 그러한 태도를 가지고 있어야 한다는 의미로 그 사례가 소개되었다. 나는 상류층의 생활방식과 나의 생활방식이 충돌할 때마다 그 이야기를 떠올렸다. 사실 그가 미움받지 않았던 이유는 마음씨 때문이 아니다. 그가 자라온 환경과는 다른, 상류층의 매너를 습득하고 있었기 때문에 그는 자신의 출신 계급을 지울 수 있었다. 이 책을 읽었던 당시에는 나 또한 그런 사람이 되어야겠다고 생각했지만, 지금은 그러한 매너를 습득하고 싶지 않다. 우리는 누가 그러한 수고로움을 하게 되는지 질문해야 한다. 우리는 어떤 행동이 예쁜 마음씨로 인정되는지, 누구의 인정을 받는 것인지 물어야 한다.

가에서 통학을 했던 나는 그마저도 거의 하지 않았다.

그러나 돌이켜보면 모두가 그랬던 것은 아니었다. 후배 K는 학자금대출을 받았고 결국 생활비가 모자라 아르바이트를 하기 시작했다. 우리는 늘 함께 술을 마시던 그 친구가 아르바이트를 간다며 자리를 떠나는 게 서운했다. 아르바이트는 핑계라고도 생각했다. 그래서 나는 언젠가 해서는 안 될 말을 내뱉고야 말았다. 기억은 잘 나지 않지만 대충 이런 말이었다. "아르바이트는 왜 하는 거야? 혹시 돈이 없니?" 다른 친구들은 이런 말을 했던 것 같다. "야, 그거 알바 한다고 얼마 번다고 그래. 그거 돈 몇 푼 버느니 그냥 우리랑 놀자."

대학 시절 우리 중 누군가는 항상 돈이 없었다. 늘 있는 일이었다. 학식을 먹으러 갈 때도, 돈이 없다고 말하면 늘 우리 중 누군가가 그의 밥값을 계산했다. 한 사람이 계속 산 것은 아니었다. 용돈을 받는 날짜가 제각기 달랐던 우리는 돌아가면서 돈이 없었고, 우리는 돌아가면서 서로의 밥값을 계산했다. 그래서 돈이 없다고 말하는 일이 부끄럽지도 않았다. 다른 이의 밥을 사주느라 돈이 없다는 친구의 밥을 내가 산 적도 많았다. 우리 중 누군가가 용돈을 받는 날이면 우리는 마음 놓고 술을 마실 수 있었다. 우리는 모두 항상 돈이 없었고, 그게 당연한 일이었다.

그래서 나는 무지할 수 있었다. 나는 나의 돈 없음이 다른 사람의 돈 없음과 동일하다고, 우리는 모두 다 유사한 정

파트 2

도로 살고 있다고 생각했다. 유사하지 않았기 때문에 "프티"라는 말을 들었음에도 나는 내가 편한 방식대로 그렇게 생각했다. 어쨌건 자본주의 사회에서 착취받는 노동자니까. 돌이켜보면 아르바이트를 해야 했던 친구들은 모두 우리를 떠났다. 아주 친하다고 생각했던 후배 K마저 우리를 떠났다. 나는 늘 그 일이 마음에 걸렸다. 나중에서야 나는 비슷한 일을 겪을 때마다 나의 그 말을 생각했다. 우리는 늘 술에 취해 계급 없는 세상을 꿈꾼다고 말하면서도 계급에 무지했고 계급에 대해 섬세하지 못했다. 내가 여성학을 배우고, 나의 무지를 깨닫고, 그와 관계를 회복하게 되면서 당시 내가 그의 경제적 상황에 대해 하나도 알지 못했다는 것을 알게 되었다. 우리는 그저 술만 마시고 놀 줄만 알았지 누군가가 얼마나 어렵게 자신의 생활을 꾸리고 있는지에 대해서는 알지 못했다. 알고 싶어 하지 않았다. 그편이 편했기 때문이다.

그때, 아마도 그가 내게 수없이 말했을 "저 돈 없어요"라는 말과 나도 되풀이하며 반복했을 "나도 돈 없어"라는 말. 나는 손쉽게 우리의 차이를 지워버렸다. 나는 돈이 없다고 말하면서도 '아카(아빠카드)'로 친구들의 밥도 샀고, 술도 샀고, 가끔 광화문 교보문고에 갈 때면 손에서 책을 들었다 놨다 하며 가격의 무게에 갈등하던 그를 두고 사고 싶은 책을 모두 샀다. 나는 우리 사이에 존재하던 무게의 차이를 간단히 지워버렸다. 나는 나의 삶을 바꾸고 싶지는 않았으므로, 나는 이대로도 충분히 안전했으므로, 차이를 지워버리기만 한다면 우리는 언제고 지금과 같을 수 있었으므로, 나는 그와 나 사이의 경제적 차이를 지워내고 심지어 그 차이가 존재하지 않는 것으로 만듦으로써 그의 입을 막아버렸다.

5.

여기서 성별을 교차해보면, 지금의 이 대중화된 페미니즘이 어떠한 방식으로 여성 사이의 차이를 지우고, 마찬가지의 방식으로 남성 사이에 존재하는 차이를 지워내는지 알 수 있다. K는 남자였다. 그는 남성으로 태어났다는 이유로 나를 타자화하고 나를 착취했나? 내 기억에 그가 나에게 그랬던 적은 없다. 내가 그를 타자화했을 뿐이다. 뚜렷이 기억나진 않지만 한번은 이런 적이 있었다고 한다. 어느 날 친구들과 나는 밤 늦도록 술을 마시다가 모텔을 잡고 축구 경기를 보며 맥주를 마셨다. 어떤 여성이 중계방송을 진행하고 있었다. 한 친구가 "여자가 하니 제대로 중계가 되지 않는다"라는 투로 그 여성을 비판했다. 그러자 K는 그에게 "차별 없는 세상을 꿈꾸는 우리가 캐스터의 성별을 가지고 말하면 안 된다"고 지적했다. 그리고 나는? 나는 K에게 "많이 컸네"라고 말했다(고 한다)! 심지어 나는 그때도 페미니스트였는데!

나는 당시의 일을 시간이 흐른 뒤에 다시 전해 듣고 몹시 부끄러웠다. 내가 부끄러웠던 이유는 단순히 내가 그런 말을 했다는 사실 그 자체가 아니었다. 내가 기억하지 못하지만 그 시기에 했었을 많은 말들 때문이었다. 나는 언제나 페미니스트였고, 그래서 학과에서 엠티를 갈 때면 늘 여성주의 교양을 진행했던 사람이었다. 그런 내가 저 말뿐만 아니라 아주 많은 말들을 부끄러운지도 모르고 하고 다녔으리라 생각하면 지금도 한없이 부끄럽다. 대학 시절 나는 아주 많은 경우에 명예남성이었을 것이다. 나는 아주 자주 '여자 마초'라는 말을 들었다. 그때 나는 그 호칭에 기분이 나빴을 뿐, 나 자신을 되돌아보지는 못했다. 그러나 지금 돌이켜보건대 나는 남성적 기준을 비판하기보다는 내게 각인된 여성성을 지워버리는 쪽을 택했고, 실제로도 그러했(을 것이)다. 그래서 내가 여느 남자 선배들이나 동기들과 마찬가지로 그의 비판을 웃음으로 가볍게 만듦으로써 그를 그렇게 키워낸(?) 나 자신을 칭찬한 것이다.

K는 남성으로 태어났으나 나를 타자화하지 않았다. 오히려 그보다 부유하다는 이유로, 그보다 나이가 많은 선배라는 이유로 그를 타자화한 건 나였다. 이처럼 여성과 남성이라는 사실은 상황과 맥락에 따라 그 권력을 다르게 갖는다. 물론 늦은 시각, 어두운 조명, 사람이 없는 골목길에서 남성과 여성의 만남은 대개 여성에게 큰 두려움으로 다가온다. 여기

에 더해 만약 남성이 술에 취했다면, 그것은 더 큰 두려움으로 자리하고, 첩첩산중으로 그가 만약에 호감을 표시하며 전화번호를 알려달라고 쫓아온다면?* 상상도 하기 싫다.

그러나 어떤 경우에 단순히 남성으로 태어났다는 사실, 남성으로 길러졌다는 사실은 나와 K와의 관계에서 그랬듯 위력이 되지 못한다. 내가 K보다 능력적인 면에 있어서 더 좋은 평판을 받았다는 사실, 그리고 K가 나의 후배였다는 사실, 실제로도 내가 K보다 나이가 많다는 사실은 우리가 함께 있는 많은 경우에 내가 그를 무시하고 차이를 묵인하는 권력이 되었다. 우리 사회에서 피해자 됨은 권력이 되지 못하지만, 어떤 사람들과 어떤 공간에 있느냐에 따라 피해자 됨은 권력이 될 수 있다. 쉽게 말해, 내가 여성이라 할지라도 모든 공간에서 내가 억압받는 것은 아니다. 때에 따라 나는 남성을 억압할 수 있다. 사회 속에서 언제나 다수자가 권력을 가지고 있기 때문에 우리는 입을 열기 꺼려하지만, 다수자가 소수자가 되는 순간이, 그러한 공간이, 그러한 맥락이 존재하고 그렇기에 우리는 다수자라는 이유로 누군가를 비난해서는 안 된다.

●   번호는 '따는 것'이 아니라 '주는 것'이다. 도대체 왜 마음에 드는 상대가 있을 때 번호를 따는 문화가 자리 잡았는지 모르겠다. 마음에 드는 사람이 있다면, 당신의 번호를 주는 것이 상대를 더 배려하는 행동이다.

마찬가지로 여성들 사이에 존재하는 다양한 차이들을 묵인할 때, 우리는 어떤 여성만을 대변할 수 있게 된다. 남성 중심성을 폭력의 문제로만 받아들일 때 흔히 발생하는 문제다. 그러나 우리가 간과하는 사실은 성폭력이 계급을 가로지른다는 것이다. 돈이 많은 사람은 안전한 동네에서 살 수 있고, 안전한 이동수단(예를 들어 자가용)을 이용할 수 있다. 집값이 비싼 동네일수록 보안이 잘되어 있고 폐쇄회로 카메라도 더 잘 관리된다. 폭력 이후의 상황도 다르게 펼쳐진다. 폭력 이후 어떤 사람들은 폭력이 발생한 공간을 떠날 수 있지만, 떠날 수 없는 사람도 존재한다. 또한 어떤 사람은 심리치료와 약물치료를 병행할 수 있는 자원이 있지만, 어떤 사람들은 그러한 자원이 없다.

성폭력의 문제를 차치하고서라도, 계급은 사람들의 많은 생각을 틀 짓는다. 이러한 틀 짓기를 잘 보여주는 연구가 바로 사회학자 아네트 라루Annette Lareau의 연구다.[18] 라루는 노동계급과 중산층 부모가 아이를 기르는 방식이 어떻게 다른지 보여주면서 단순히 경제적 차원이 아닌 문화적 차원에서 불평등이 대물림되고 있음을 드러낸다. 나는 특히 교육방식의 차이가 이들에게 언어의 차이를 일으킨다는 사실이 흥미로웠다. 중산층 부모들은 아이를 훈육함에 있어서 아이와의 대화를 중요시하고, 그래서 아이를 강압적으로 대하기보다는 이유를 설명하고 설득하려 한다. 그러나 노동계급 혹은 빈곤층은 만성적인 시간 부족과 피로에 시달리기 때문에 즉각적인 훈육을 원하고, 부모의 권력을 이용해 아이에게 "안 돼"라고 할 뿐 아이를 설득하려 하지 않는다.

이러한 훈육방식의 차이는 언어 습득의 차이를 불러오고, 장기적으로 아이가 주류 사회의 규칙(합리성)을 체득하는 데 있어서 장애물로 작동한다. 단적인 예로, 라루의 연구에서는 '병원 가기'가 등장한다. 중산층 부모는 아이가 아파 병원에 갈 때, 의사 선생님과 대화하는 방식을 가르친다. 궁금한 것이 있다면 왜 그런지 충분히 물어보고 대화하라고 가르치는 것이다. 그러나 노동계급 혹은 빈곤층 가정에서 부모는 (의사보다 낮은 자신의 지위로 인해, 그리고 의료비를 감당하기 어려운 자신의 처지로 인해) 의사에게 주눅이 들어 있고, 그래서 아이들도 주눅 들어 있다. 그래서 아이는 자신의 문제를 잘 설명하지 못한다.

물론 이 연구는 불평등하기로는 둘째가라면 서러운 미국의 연구이기 때문에, 한국의 상황과 완전히 맞아떨어지지 않을 수 있다. 한국은 거의 모든 사람들이 읽고 쓰고 말할 수 있고, 사교육의 편차가 있을지언정 의무적으로 근무지를 순환하는 교사배정 시스템과 국가에서 정해놓은 교육 과정으로 인해, 어느 동네에 사느냐에 따라 어떤 교육을 받는지 달라지는 미국과는 달리 공교육의 편차가 비교적 적은 편이다. 또한 공공의료보험이 있어 의료비가 저렴하기 때문에 라루가 설명한 상황이 쉽게 벌어지지는 않는다.

　　그러나 노동계급에서 자라온 나는 매우 공감했다. 어렸을 때부터 나는 '왜 하면 안 되는지'에 대해서 궁금했던 적이 많다. 텔레비전에 나오는 많은 부모들, 특히 청소년 드라마에 나오는 많은 부모들은 가족회의를 열어 가족의 문제를 토론하면서 함께 결정하곤 했지만 나는 집에서 가족회의를 한 적이 없다. 학교에서 가족회의를 해 오라는 숙제를 내줄 때면 언제나 거짓말로 회의 내용을 꾸며내곤 했다. 그런 우리 집에서 안 되는 것은 안 되는 것이었을 뿐이다. "왜?"라고 묻는 행위는 엄마와 아빠의 분노를 부채질할 뿐이었다.• 라루의 연구를 읽고 나서야 나는 부모님이 우리에게 설명을 해주지 않은 이유가, 어쩌면 우리에게 설명해줄 '언어'가 부재했기 때문일 수 있겠다는 생각을 했다. 해서는 안 되는 이유를 설명하지 못했던 것이다. 그리고 아마도 우리에게 설명해야 할 필요가 없기도 했을 것이다. 그들이 그런 방식으로 자라왔기 때문에.

　　이처럼 계급은 남성/여성이라는 성별만큼이나 사람의 생각을 주조한다. 이는 우리가 성별에 따른 권력의 문제를 직시함과 동시에 계급에 대해서 등한시해서는 안 되는 이유다. 내가 연구를 위해 사람들을 만날 때면 어떤 직업을 갖고 있는

• 물론 지금은 공부시켜놨더니 입만 살았다는 말을 듣는다.

지뿐만 아니라 부모님의 직업이 무엇인지, 월급을 얼마나 받는지, 어떤 동네에 사는지, 자가인지 임대인지를 묻는 이유는 이러한 문제의식에 기반한다. 나의 연구가 어떤 이들을 대상으로 했는지를 드러냄으로써, 은폐하지 않고 가시화함으로써, 우리가 지워내고 있는 존재들을 소환하고 보편의 외연을 확장하기 위해서다. 그리고 계급의 문제만을 대변하는 사람들과, 성별의 문제만을 대변하는 사람들 사이에서 우리가 둘 모두를 결합시켜야 한다는 사실을 상기시키기 위해서다. 그리고 그 과정에서 나의 가족이, 나의 친구들이, 그리고 우리 모두가 차별을 차별이라 말할 수 있는 세상에서 평등을 지향하며 살아가기 위해서다.

5장

자본×시간

나는 하루 종일 시계와 함께 산다. 강아지 소기와 산책을 할 때도, 수영장에서도 함께하며, 심지어는 잠을 자는 순간까지도 스마트워치를 찬 채로 잠이 든다. 하루 중에서 내가 시계를 빼는 때는 시계를 충전해야 하는 그 잠깐뿐이다. 처음에 나는 단순하게 나의 수면 시간을 측정하고 싶었다. 많은 지식노동자들이 그러하듯, 나 또한 가벼운 불면증을 달고 살기 때문이다. 지나치게 몰입할 때에는 꿈에서도 글을 생각한다.

처음에 나는 내가 충분한 시간을 자고 있는지 알고 싶었을 뿐인데, 이내 나는 내가 활동하는 모든 시간을 측정하고 싶어졌고 그래서 항시 시계를 차는 시계인간이 되고 말았다. 그래서 나는 소기와 산책을 하는 시간도 측정하고, 내가 수영장에서 1시간에 얼마나 많은 거리를 어떤 영법으로 수영하는지 측정한다. 그 기록들을 들여다보지도 않으면서, 나는 측정하고 있다는 그 단순한 사실에, 언제고 내가 원할 때면 내가 무슨 일을 했는지 돌아볼 수 있다는 사실에 위안을 느낀다. 내가 내 시간의 소비를 언제고 꼼꼼하게 확인할 수 있다는 사실에 안도한다. 눈을 뜨는 그 순간부터, 나는 내 손목에서 울려대는 시계의 진동을 느끼고, 핸드폰 알람과 별 차이도 없이 비슷한 시간에 일어나면서 즉각적으로 손목의 알람을 끌 수 있다는 것 하나만으로 스스로 시간을 낭비하지 않는 인간이 되었다고 착각한다. 나는 스마트워치를 착용함으로써, 내가 시간을 잘 관리하고 계획하여 소비하고 있음에 안심하는 것이다.

1.

사람들은 자신의 노동시간에 맞춰진 생활리듬을 지니고 있다. 내 일상은 이렇다. 나는 보통 7시에서 8시 사이에 잠에서 깨어나 10분쯤 침대에서 뉴스 소리를 들으면서 일어날 준비를 한다. 그사이 나의 강아지 소기는 자신의 침대에서 내가 일어났다는 것을 깨닫는다. 나는 핸드폰으로 시계를 확인하고, 나에게 주어진 남은 시간을 확인한 후 침대에서 일어난다. 화장실에 가 볼일을 보고 궁디와 꼬리를 흔들며 화장실로 다가오는 소기를 쓰다듬어 준 뒤 씻고 화장품을 바른다. 이후 소기의 물을 신선한 물로 갈아준 후 옷을 입고는 소기의 몸에 가슴줄을 채우고 아침 산책을 나간다. 산책은 소기의 기분에 따라 20분에서 1시간가량 소요되는데 소기의 기분을 알 수 없어 나는 여유롭게 시간을 두고 산책을 나가는 편이다. 집으로 돌아와 남은 시간을 다시 확인하고 시간이 좀더 있다면 간단한 아침을 먹고는 내가 없을 때 소기가 놀 수 있도록 장난

감에 간식을 숨기고 무심한 소기에게 작별인사를 한 후 집을 나와 지하철을 탄다.

이른 아침 지하철 역사에 들어서는 순간부터 나는 다른 시간성을 마주한다. 사람들은 비슷한 속도로 비슷하게 지하철로 걸어 들어간다. 만약 누군가가 평소와는 다르게 빠르게 걷거나 뛰면 역사는 술렁이고, 주위 사람들은 지하철이 곧 역사에 들어온다는 사실을 깨닫고는 그의 속도에 맞추어 빠르게 움직인다. 사람들은 교통카드를 찍기 전부터 교통카드를 찍을 준비를 하면서 줄을 선다. 교통카드를 찍고, 게이트가 열리는 그 잠깐의 시간을, 그 리듬을 기억하고는 앞사람이 나아가기를 기대한다. 교통카드 인식이 늦어지거나 미리 교통카드를 준비하지 않아, 앞사람이 조금이라도 늦어지면, 우리는 빠르게 줄을 바꾸어 서고, 순식간에 줄이 사라진다. 늦어진 사람이 게이트를 나서면, 다시 우리는 사라진 줄을 메꾼다. 그 어느 때보다 적당한 속도로 우리는 헤치고 다시 모인다.

자본주의는 시간과 공간에 박자를 부여한다. 내가 지금 어디에 있는지, 무슨 요일인지, 무엇을 하는지에 따라 나의 시간의 리듬은 달라진다. 출근길 지하철에서 꾸물거림은 용납되지 않지만, 퇴근길 지하철에서 출근길보다 느린 발걸음은 지극히 정상적인 속도다. 물론 나는 퇴근을 할 때도 보통 사람들보다는 빠르게 걷는데, 우리 집에는 하루 종일 나를 기다리는 생명이 존재하기 때문이다. 내 시간은 현관문까지 달려와 낑낑대며 나를 반기는 소기를 달래고 소기의 뽀뽀세례를 받고 조금 안아준 뒤 저녁을 먹인 후 산책을 마치고 나서야 느리게 흐르기 시작한다.

그러나 이러한 리듬은 내가 많은 사람들과 마찬가지로 9시에서 5시까지 일하는 삶을 살기에 체득한 것이다. 이미 24시간 사회가 되어버린 한국 사회에서 어떤 이들은 밤에 일을 하기 때문에 밤을 기준으로 일상이 배치된다. 철학자 앙리 르페브르Henri Lefebvre는 일찍이 노동이 우리의 시간을 구획한다는 사실을, 우리에게 어떠한 리듬을 부여한다는 사실을 지적했다. 자본주의 사회에서 시간은 1시간, 1분, 1초로 분할되고, 우리는 이 시간들을 세분화하여 이동하고, 일을 하고, 오락이나 여가를 즐긴다. 각각의 활동들은 시간 배치에 있어서 우선순위가 존재한다는 점에서 위계적이며, 이 중에서도 노동시간을 중심으로 배치된다는 점에서 노동시간은 근본적이다.[19]

2.

가끔 시험을 치거나 시험감독을 하기 위해 중학교나 고등학교의 교실에 갈 때면, 나는 교탁 옆에 위치한 게시판에 시선을 빼앗기곤 한다. 대체로 교탁을 마주하고 오른편에 있는 게

시판에는 이 반 학생들이 지켜야만 하는 시간표가 부착되어 있다. 나는 그 시간표를 볼 때마다, 내가 어떻게 저 시간들을 견뎌냈는지 아득해진다. 빈틈이 없는 시간표. 나의 의지, 나의 행위성이라곤 눈곱만큼도 반영되지 않은 시간표. 12년이라는 기나긴 시간을 견뎌내야 했던 그 시간표.

나는 지금도 스트레스를 받을 때면, 고등학생이 되는 꿈을 꾼다. 내가 아무것도 모르는 고등학생이라면 상관없겠지만, 안타깝게도 꿈속의 나는 이미 자유를 경험한 사회인이다. 하지만 모종의 이유로 나는 늘 다시 고등학교에 다니고 올해 혹은 내년에 수능을 '다시' 보아야 한다. 나는 누군가를 붙잡고는 내가 사실 대학을 졸업했고, 석사학위를 땄으며, 지금은 일을 하며 박사과정을 밟고 있다는 사실을 말하고 싶어 하지만 안타깝게도 내가 그 말을 할 만한 사람들은 나타나지 않고, 나타난다 하더라도 나의 말을 간단하게 공상으로 치부하고는 자리를 떠나버리고 1교시가 시작된다. 나는 당장에 교실 문을 박차고 학교를 떠날 수 있지만 어째서인지 불이익을 받을 것만 같아 안절부절못하고 어쩔 수 없이 수능을 다시 보아야만 한다는 사실을 받아들일 때쯤이면 잠에서 깨어난다.

나는 늘 내가 수능을 다시 보아야 한다는 사실보다 내가 학교에 꼬박 12시간 가까이 혹은 더 많은 시간을 붙잡혀 있어야 한다는 생각에 좌절한다. 내가 아직 학생일 때, 나는 이러한 시간표가 공부에 도움이 되지 않는다고 생각했고, 왜 이

렇게 오랜 시간을 학교에서 말 그대로 '가만히 앉아서' 보내
야 하는지 궁금했다. 내가 다닌 고등학교는 기숙학교였는데,
우리 반 선생님은 다행히도 몇 분 정도 지각을 한다고 해서
체벌을 하지는 않았지만 나와 같은 방에 살던, 나와 함께 자
주 지각을 하던 친구는 늘 마대 자루로 맞곤 했다. 나는 시퍼
렇게 멍이 든 그의 허벅지를 보면서 이런 세상을 아무 말 없
이 살아갈 수밖에 없다는 사실에, 내가 할 수 있는 일이 아무
것도 없다는 사실에 좌절했다. 고작 몇 분 가지고 그렇게 맞
아야 하는 건가? 그것도 걸레로? 만약 맞아야 한다면 나는
왜 맞지 않는가? 나는 이유를 알 수 없어 몇몇 어른들에게 물
어보았지만 그들의 대답은 거의 이랬다. 학생이라 어쩔 수 없
어. 네가 나중에 세상을 바꿔.

　　누군가 지금 내게 그 질문을 한다면 나는 이렇게 답할 것
이다. 시간을 조직하는 습관을, 시간을 지키는 습관을 위한
것이라고.• 페미니스트 사회학자 바바라 아담Barbara Adam은
학교 교육이란 시계시간의 습관을 학습시키는 것이라 말했
다.[20] 학교의 시간은 시, 분, 초로 나뉜 시계시간과 밀접하게
결합되어 있다. 시계를 통해 시간이 인식될 때, 시간은 분할
이 가능한 것으로 다루어지는데 이러한 생각이 반영된 작품
이 바로 시간표다. 우리는 1교시를 50분으로 인식하고, 10분

•　　물론 덧붙일 것이다. 어떤 행동을 하더라도 그것이 맞아야 할
　　　이유가 되지는 않는다고.

은 쉰다. 1교시부터 4교시까지 수업을 한 후, 점심시간을 갖고, 다시 6교시까지 수업을 한다. 계획표는 기본적으로 시간을 분할한다는 개념 위에서 작동한다. 방학 계획표를 작성하라는 방학 숙제는 방학이라 하더라도 시간의 흐름을, 리듬을 흐트러트려선 안 된다는 경고다.

왜 우리는 시간을 어떤 단위(1교시, 1시간, 1타임 등)로 인식해야 할까? 왜 그런 습관을 길러야만 할까? 시계가 없던 과거에 사람들은 어떻게 살았을까? 여기에 대한 답은 사회학자 톰슨E. P. Thompson의 글에 잘 나와 있다. 톰슨은 산업화 시대 이전의 노동은 노동의 내용에 따라 이루어졌다고 주장한다. 시계와 전기가 없었던 과거 농촌 사회에서는 태양이 하늘을 지나는 위치로 시간을 파악했고 그래서 여름과 겨울의 시간이 달랐다. 물론 지금은 농촌이고 도시고 할 것 없이 시계 없이는 살 수 없으므로 더 이상 이런 삶을 사는 사람들은 거의 없다. 톰슨은 대중에게 시계가 보급된 시기와 산업혁명에서 노동이 규율화되었던 시기가 일치한다는 사실에 주목하면서, 시계의 보급이 시간을 구획화하는 데 일조했고 사람들은 이제 정확한 시간을 지켜야 했으며, 노동시간을 측정할 수 있게 되었다고 주장한다. 이렇게 숫자로 측정될 수 있는 시간은 돈으로 계산되어 임금을 결정하는 기준이 되어왔다.[21]

이렇게 노동윤리가 정립되면서 시간은 돈이 되었다. 나아가 우리가 어디에 있든 관계없이 우리 모두에게 1시간은 동일한 시간성(리듬, 박자)을 갖게 되었다. 내가 아프리카에 있건, 남극에 있건, 한국에 있건 1시간은 60분이며 동일한 시간성을 갖는다.● 따라서 노동에 대한 연구는 시간을 가로지른다. 자본주의 사회에서 우리는 노동을 노동의 양으로 측정한다 생각할지 모르지만, 사실은 시간으로 측정되며 시간으로 계산된다. 과거와 달라진 점은 과학기술의 발전으로 우리가 과거 잠에 들어야만 했던 그 시간들, 그리고 일을 할 수 없었던 그 공간들에서도 일을 하거나 소비를 할 수 있다는 사실이다. 24시간 노동 시대가 도래한 것이다.

3.

내가 유럽으로 배낭여행을 갔을 때, 나는 유럽에서 크리스마스를 맞이하고 싶었고 그래서 학기가 끝나자마자 바로 비행기에 몸을 실었다. 당시 나는 유럽과 미국의 차이를 알지 못했기에 그저 유럽에 가면 내가 원하는 크리스마스를 보낼 수 있으리라 생각했다. 내게 서구 사회의 크리스마스란 영화

● 물론 실제로는 그렇지 않다. 우리는 곤란한 상황에 처했을 때 짧은 시간을 아주 길게 느끼기도 하며, 즐거운 일이 있을 때는 긴 시간을 아주 짧게 느끼기도 한다. 우리의 인식 속에서 시간은 확장되기도 하고, 수축되기도 한다.

〈나 홀로 집에〉(1991) 그 자체였다. 거대한 트리가 곳곳에 놓여져 있고, 광장에는 회전목마가 있고, 아기자기한 공예품들이 널려 있는 그런 곳을 상상했다. 문제는 그런 크리스마스를 즐기기 위해서는 유럽이 아닌 미국을 갔어야 했다는 점이다.

당연히 유럽은 내 예상과는 조금 달랐다. 나는 동생과 함께 런던에서 여행을 시작해 크리스마스이브에 브뤼셀로 들어갔다. 우리는 구시가지에 있는 국제 유스호스텔에 짐을 풀었고, 거리를 돌아다녔다. 이상하게 거리가 한산했다. 돌아다니는 사람이라곤 나와 비슷해 보이는 관광객들뿐이었다. 크리스마스 당일이 되자 가게들이 문을 열지 않았다. 나와 동생은 크리스마스와 같은 대목에 일을 하지 않는 사람들이 신기하다고 생각했다. 도대체 사람들은 다 어디에 있는가. 그래도 문을 연 몇몇 가게들을 만날 수 있었던 우리는 사정이 그나마 나은 편이었다. 나중에 프라하에서 만난 어떤 친구는 크리스마스에 베를린에 있었는데 연휴 기간 내내 밥 먹을 곳도 찾기가 어려웠다고 했다. 모든 곳이 문을 닫은 통에 며칠간 강제로 호스텔에서 방콕을 해야 했다는 것이다. 그런 그에게 호스텔 직원은 크리스마스인데 왜 문을 열어야 하느냐고 반문했고 모두 집에서 가족들과 즐거운 시간을 보내야 한다고 말했다.

그때 나는 한국만큼 살기 좋은 나라가 없다고 생각했다. 도시에 살기만 한다면, 설날이든 추석이든 언제고 원하는 것을 살 수 있는 나라가 바로 한국이다. 도시에 살기만 한다면, 언제고 밤 12시 전에 주문한 물건을 다음 날 아침 7시 이전에 문 앞에서 받아볼 수 있는 나라가 바로 한국이다. 이토록 편한 나라가 세상에 어디에 있을까. 심지어 모든 음식이 1시간 이내에 배달된다. 어느 나라 음식이건 먹고 싶으면 말만 하시라. 1시간 이내에 먹을 수 있을 테니.

그러나 우리가 간과하고 있는 한 가지 사실이 있다. 우리가 24시간 소비할 수 있다는 사실은 누군가는 24시간 일해야 한다는 말과 같다. 대형마트가 365일 쉬지 않고 돌아간다는 사실은 우리 모두가 쉬는 날에도 누군가는 일을 해야만 한다는 뜻이다. 24시간 돌아가는 쿠팡의 물류창고에서는 사람이 죽어간다.[22] 물론 24시간을 일할 수 있는 사람은 없다. 대개 24시간 유지되어야 하는 산업들은 교대제로 사람을 배치한다. 쿠팡의 교대제는 오전조(오전 8시~오후 6시), 오후조(오후 6시~오전 4시), 심야조(오후 10시~오전 6시)의 3교대로 구성된다. 여름이나 겨울이면 더 열악하다. 축구장 15개 넓이의 물류센터에 냉난방 시설은 갖춰져 있지 않다. 겨울에는 추위에 떨면서, 여름에는 선풍기로 버텨내야 한다. 물론 쿠팡만의 문제는 아니다. 대부분의 물류센터에는 냉난방 시설이 없다.[23]

우리의 빨라진 시간감각은 소비에 멈추지 않는다. 자본주의에서 생산과 소비는 거울상으로 존재한다. 서로가 서로를 강화한다. 우리는 노동자로서, 점점 더 많은 것들을 빠르게 처리하는 데 익숙해지고 있다. 그래서 우리는 우리의 시간 계산을 흩트리는 느린 것들을 혐오한다. 일상생활의 시간은 조금도 늦어질 수 없다. 나와 관계없는 타인으로 인한 늦어짐은 더 이상 배려할 수 없는 민폐가 되었다. 내가 왜 그들 때문에 늦어져야 하는가? 내가 왜 그들로 인해 이러한 피해를 보아야 하는가? 이제 시간은 진정 돈이 되었다.

4.

그러나 돌봄의 시간과 자본의 시간은 서로 대립한다. 여느 날과 다를 바 없는 밤이었다. 소기는 밤이 되자 배가 고프다며 애교를 부리기 시작했다. 소기는 내가 자기를 볼 수 있는 자리에 앉아 까만 콩 같은 눈을 나에게 맞추며 내가 좋아하는 표정을 지었고 내가 소기의 눈길을 무시하자 잉잉잉 울기 시작했다. 내가 더 이상 무시할 수 없어 "배고파?" 하고 묻자 소기는 달려와 뽀뽀를 하고는 내 앞에 누워 배를 까고 뒹굴거리며 울었다. 나는 결국 오래 먹을 수 있는 우피껌을 주었고, 소기가 먹는 소리를 가만히 들으며 잠을 자려고 누워 있었다.

문제는 그때 발생했다. 소기는 그 큰 껌을 그냥 삼켜버렸고, 소기의 목구멍은 그 껌의 크기를 받아들일 수 없었는지 소리를 질러댔다. 깜짝 놀란 나는 불을 켜고 소기의 목을 만져보았는데, 껌이 목 중간에서 만져졌다. 나는 소기를 들쳐 업고 바로 택시를 불러 동물병원으로 향했다. 택시에서 내내 소기는 토를 하고 싶어 했고, 나는 소기의 목을 문지르며 소기를 달랬다. 병원에 도착하자마자 소기는 엑스레이를 찍기 위해 진료실로 들어갔고, 나는 놀란 마음을 진정시키지 못하고 진료실 앞을 서성거렸다. 이미 자정이 넘은 시간이었다. 다행히 껌은 소기의 목구멍에서 위로 넘어간 뒤였지만, 배에 가스가 차 있어 호흡이 불안정해 40분 정도 병원에서 경과를 지켜보아야 했다.

소기를 데리고 집으로 돌아와서도 우리는 소기가 다시 활기를 찾을 때까지 지켜보아야 했다. 수의사는 통상적으로 입원을 권유하지만 소기가 너무나 병원을 싫어하니 일단 집에 가서 경과를 본 후 과호흡이 진정되지 않으면 다시 병원으로 내원하라고 말했다. 결국 그날은 새벽 2시가 넘어서야 잘수 있었다. 매일 새벽 6시에 일어나야 하는 엄마는 그날 결국 잠을 거의 주무시지 못했다. 나는 그나마 나았다. 재택근무 중이었기 때문에 시간이 더 여유로웠기 때문이다.

이처럼 누군가를 돌본다는 것은, 나의 시간이 나의 계획에 따라 흐르지 않는다는 것을 의미한다. 돌봄은 24시간을 요구한다는 점에서 노동시간과 대척점에 존재한다. 어떤 생명이든 태어난 지 얼마 되지 않았을 때는 더욱 손을 많이 탄다.

신생아들은 두 시간 간격으로 먹어야 한다. 밤에도 울고 낮에도 운다. 그래서 돌보는 사람은 대부분 잠을 길게 자지 못한다. 잠을 길게 자지 못하기 때문에, 밤과 낮으로 일상이 구분되지 않아 시간이 무한히 늘어난다. 아이를 기르지 않는 사람 혹은 자신을 위해 일상생활을 영위하는 사람에게 시간은 빠르게 흐르는 무엇이지만, 갓 태어난 아이를 기르는 엄마에게 시간은 24시간 단위로 구성된 하루가 아닌 분과 초로 구성된 시간이, 뫼비우스의 띠처럼 자르지 않고서는 풀려날 수 없는 무한한 시간의 연속으로 경험된다.

그런 점에서 엄마의 시간은 아이라는 존재에 매여 있다. 노동자의 시간이 자본가에게 매여 있는 것과 유사하지만, 실질적으로 아이의 삶과 죽음의 책임이 엄마에게 있다는 점에서 어쩌면 우리는 이 관계가 더 폭력적일 수 있음을 쉽게 상상할 수 있다. 돌봐야 하는 존재는 나약하고, 그런 점에서 의존적이며, 자신의 삶을 돌보는 사람에게 완전히 의탁한다. 돌보는 사람은 자신의 시간을 자신이 돌보는 생명에게 쥐여준다. 물론, 사랑이라는 이름으로.

그러나 사랑이라는 감정은 때때로 폭력을 동반한다. 그동안 얼마나 많은 폭력이 사랑이라는 이름으로 묵인되고 은폐되어왔는가.[*] 돌봄의 경우, 서로 대등한 관계에서 발생하

● 나는 심심할 때면 '왓챠'에서 옛날 드라마들을 틀어보곤 하는데, 그럴 때마다 드라마의 서사 속에서 난무하는 폭력들에 기함하곤

는 것이 아니라 의존하는 사람과 돌보는 사람이라는 권력적 관계에서 행해지기 때문에 더욱더 폭력에 취약하다. 훈육과 폭력의 경계를 무 자르듯이 자를 수 있는 사람은 없다. 특히 한국은 체벌을 통해 훈육을 하는 문화가 자리 잡고 있어 폭력과 사랑의 경계가 서구에 비해 희미하다. 부모가 화를 내며 아이를 때리고, 아이는 울며 자지러지는 상황을 목격했다 하더라도 신고하는 비율이 낮은 까닭은 그들이 아이를 훈육하는 중일 수도 있다는 가능성 때문이다. 훈육이라면, 약간의 폭력은 허용된다고 여기기 때문이다.•

한다. 최근 나는 〈거짓말〉(1998)과 〈가을동화〉(2000)를 보면서 정말 깜짝 놀랐다. 〈거짓말〉에는 남성이 여성의 빰을 때리는 장면이 몇 번이나 등장한다. 드라마에서 이러한 폭력은 거의 모두 연인관계에서 발생했는데, 이는 폭력과 사랑의 경계를 흐리고 폭력을 사랑으로 둔갑시킨다는 점에서 문제적이다. 또한 〈가을동화〉에서는 오빠가 동생을 희롱하는 장면이 등장한다. 동생은 그만하라고 거부의사를 표현하지만, 오빠는 이를 무시한 채 동생을 지속적으로 놀리며, 부모는 웃고 있다(참고로 나는 이 장면에서 더 이상의 드라마 보기를 포기했다). 이는 명백한 성적 괴롭힘이다! 이러한 성적 괴롭힘은 드라마에서 가족애로 포장되어 화목의 상징으로 재현된다. 이러한 장면들은 불과 20여 년 전 한국 사회가 얼마나 폭력에 둔감했는지, 얼마나 많은 폭력들을 사랑으로 간주했는지를 보여준다.

• 그러나 폭력은 허용되어서는 안 된다. 어느 때고, 아이가 맞는 모습을 마주하게 된다면, 혹은 타인이 맞는 모습을 보게(듣게) 된다면 우리는 경찰에 신고해야만 한다. 경찰에 신고한다고 해서 해결되는 게 없을지라도 공권력이 개입되는 것 그 자체로 권력효과를 작동시키기 때문이다.

그러나 사랑의 이름으로 행해지는, 특히 돌봄의 관계에서 행해지는 폭력은 통제되어야만 한다. 일찍이 철학자 키테이Eva Kittay는 엄마가, 또는 자녀가 그들의 아이나 부모를 돌보는 과정에서 그 생명의 전적인 우주가 되어 한없이 자애로울 수도 있지만, 마찬가지로 한없이 폭력적일 수도 있다고 지적했다. 키테이에 따르면, 인간은 누구나 태어난 후의 영유아 시기나 죽음을 맞기 전의 노인 시기, 혹은 환자이거나 장애가 있을 때 다른 사람의 돌봄 없이는 생존하거나 살아갈 수 없는 절대적인 의존을 경험한다. 어느 누구도 누군가의 돌봄에 의존하지 않고서는 생존하거나 살아갈 수 없기 때문에 의존이란 모든 인간이 경험하는 일반적인 상태인 것이다. 그러나 의존관계는 근본적으로 불평등한 권력관계다. 의존노동자는 의존자의 안녕과 행복에 책임을 지고 헌신적으로 돌봐야 하는 반면, 의존자는 의존노동자의 책임에 전적으로 의지하는 것이 자신의 안녕과 행복을 보장받을 수 있는 방법이기 때문이다.[24]

이러한 불평등한 관계는 의존자와 의존노동자 모두를 취약한 상황에 놓이게 한다. 좋은 돌봄의 여건이 형성되지 않는다면, 의존노동자는 의존노동을 필요로 하는 사람의 욕구보다 자신의 욕구를 중심으로 판단하고 자신이 원하는 방식대로 행동할 수 있고, 의존자는 극단적 학대에도 무방비 상태에 놓일 수 있다. 반대로 의존노동자가 자신의 욕구보다 의존을 필요로 하는 사람의 욕구에 더 많은 관심을 가지게 되면 스스로를 돌보지 못하는 취약한 상황에 놓일 수 있다.

따라서 국가 혹은 공동체가 돌봄의 책임을 나누어 져야 하는 까닭은 불평등한 돌봄관계를 바로잡아 돌봄 과정에서 발생할 수 있는 폭력의 가능성을 제거하기 위함이다. 돌봄은 보통 일방적으로 한 사람이 다른 한 사람에게 제공한다. 아기가 부모를 책임질 수는 없다. 부모만이 아이를 책임질 수 있다. 따라서 관계의 평등은 내부가 아니라 외부에서 추구되어야 한다. 우리가 생존하고 살아가기 위해서 누군가의 돌봄이 필요하듯 돌봄이 필요한 사람과 돌봄노동자 모두 돌봄을 받을 수 있는 사회적 환경을 제공해야 한다. 이러한 사회적 협력을 통해 우리 모두는 돌봄에 대한 책임을 공유해야 한다.

5.

그러나 그럼에도 해결할 수 없는 또 하나의 문제는 자본주의 사회에서 일찍이 마르크스가 지적했듯 노동자의 시간은 노동자의 것이 아니라, 자본가의 것이라는 점이다. 국가가 돌봄의 책임을 나누어 진다고 하더라도, 누군가를 돌본다는 것은 그 시간을 자본가가 아닌 돌봄노동자에게 맡겨놓는다는 점에서 갈등을 빚는다. 예를 들어, 홀로 아이를 기르는 여성을 생각해보자. 아무런 도움 없이 혼자서 아이를 키우려면 그는 임금노동을 할 수 없다. 그런데 임금노동을 하지 않으면 그와 그의 아이는 굶어 죽는다. 만약 그가 어린이집에 아이를 맡긴다 하더라도 문제는 여전하다. 국가가 제공하는 돌봄의 시간은 임금노동이 요구하는 시간보다 짧기 때문에 갈등은 해소되지 못한다. 이러한 상황은 우리가 돌봄노동과 임금노동을 동시에 할 수 없다는 것을 상징하는, 극단적이지만 그만큼 현실적인 이미지다.

모든 돌봄이 신생아처럼 24시간 돌봄을 요하는 것은 아니므로 이런 극단적 상황을 차치하더라도 돌봄은 언제나 노동시간에 우발적으로 끼어든다. 우리는 이미 코로나라는 대규모 전염병의 상황에서 이런 가정들을 수없이 보았다. 어린이집에 아이를 보낸 맞벌이 부부를 생각해보자. 안타깝게도 누군가가 코로나에 감염되었고 어린이집은 폐쇄되었다. 아이를 데려갈 사람이 필요한 이 상황에서, 동원할 수 있는 모든 지인이 임금노동을 하고 있다면, 그래서 이 부부가 아이의 픽업을 부탁할 누군가가 아무도 없다면, 둘 중 한 명은 반차를 쓰거나 양해를 구한 뒤 아이를 데리고 집으로 돌아가야 한다. 대부분의 부부들은 이런 우발적인 돌봄을 처리하고자 성별 분업을 한다. 그래서 이런 일이 발생할 때면 대개 아내가 회사에서 일찍 퇴근하여 아이를 데리러 간다. 남편은 승진을 할 수 있는 전도유망한 일에 몰입하고, 아내는 승진하기 어렵

고 급여도 적지만 조금 더 시간을 편하게 사용할 수 있는 일을 하며 아이 돌봄을 수행하는 식이다.[25]

이런 상황들은 대개 아이를 기를 때만 발생하는 문제들로 상상되지만, 이제 우리는 고령화사회가 됨에 따라 아이 돌봄에만 시간의 문제가 발생하는 것이 아님을 알고 있다. 내가 인터뷰한 노동계급 20대 여성들 중 몇몇은 임금노동을 아직 하고 있지 않다는 이유로 가족에게서 돌봄을 강요받았던 시간들을 이야기해주었다. 가족들이 간병인을 고용하지 않고 그에게 조부모의 돌봄을 강요했다는 것이다. 그렇다 해서 이들이 간병인의 급여를 받았던 것은 아니다. 그에 상응하는 임금도, 대우도 받지 못했다. 손녀라서, 여자라서 요구된 돌봄은 네가 제일 잘한다는 이유로 밤낮없이, 휴일 없이 강요되었다. 결국 조부모가 돌아가시고 난 후에야 이들은 돌봄에서 해방될 수 있었다. 그 후 이들에게 남은 것은 얼마 남지 않은 통장 잔고와 성인을 간병하느라 지칠 대로 지치고 다쳐버린 몸 그리고 제대로 잠을 자지 못해 얻은 우울증뿐이었다.

이들은 모두 할머니나 할아버지를 돌보는 일 그 자체보다는 가족들이 자신의 시간을 담보로 잡고 있는 듯한 태도가 자신들을 힘들게 했다고 말했다. 간병을 잠시 다른 가족에게 맡기고 오랜만에 한숨 돌리는 시간을 가졌던 한 여성은 친구와의 약속장소로 가는 버스 안에서 다시 돌아오라는 가족의 연락을 받았다. 그는 오래전부터 약속이 있으니 그날은 조부모에게 붙어 있을 수 없다고 가족들에게 몇 번이나 말했지만, 가족들은 그의 약속을 대수롭지 않게 여겼다. 결국 그는 자신이 어찌할 수 없는 이 상황에 매우 화가 났고, 집으로 돌아가지 않고 친구를 만났으나 그날의 약속은 빠르게 마무리되었다. 결국 그는 할머니를 돌보아야 했으니까.

이처럼 가족을 돌보는 많은 청년 여성들은 지금 백수이기 때문에, 지금 취업준비생이기 때문에 그들의 시간은 비어 있는 시간으로 간주되고 쪼개져 가족들이 원하는 시간에 배치되었다.• 대개 남자 형제들은 돌봄의 책임을 나누어 지지 않았다. 그들은 남성이기 때문에 잘 돌보지 못한다는 이유로, 그들의 시간은 미래를 향하고 있다는 명목으로 그들은 가족들의 지지를 업고 돌봄의 책임을 회피할 수 있었다. 가족들은 과거와 달리 취업에는 시간이, 노력이, 공부가 필요하다는 사실을 알지만, 자신의 딸이, 여느 집에서 그러하듯, 엄마가 그

•   중년 여성 집중 사업장에서, 중년 여성의 시간이 '비어 있는 시간'으로 인식되어 쪼개져 배치되는 것과 유사하다. 사회에서 아직까지 기혼여성은 양육에 책임이 있는 사람으로 여겨지고, 그래서 일을 하지 않는 시간이 '양육의 시간'으로 가정된다. 그러나 중년 여성의 경우, 자녀들이 이미 성년기에 접어들어 엄마의 손길이 더 이상 필요하지 않기 때문에, 이들이 일하지 않는 시간은 '비어 있는 시간'으로 간주된다. 집에서 딱히 할 일 없이 쉬고 있을 것이라 상상되는 것이다. 그래서 회사는 이들의 시간이 비어 있기 때문에 아무 때나 노동시간을 배치해도 무방할 것이라 생각하고, 실제로도 그렇게 한다(이소진, 『시간을 빼앗긴 여자들』, 갈라파고스, 2021).

러한 인생을 살아내었듯, 이 모든 일을 해내야만 한다고 생각한다. 딸이니까, 여자니까라는 간단한 이유들로 여성들의 시간은 허공으로 사라진다. 이 시간들은 언젠가 돈을 벌기 위해서는 반드시 필요한 시간들이다. 자격증을 따고, 자기소개서를 쓰고, 토익 점수를 따는 일련의 행위들과 24시간을 요구하는 돌봄은 공존하기 어렵다.

6.

하이패스가 등장하면서, 사람들은 더 이상 톨게이트에서 사람을 상대하느라 긴 시간을 소비하지 않게 되었다. 하이패스가 보편화되기 전에 우리는 톨비를 확인하고, 현금 또는 카드를 건네고, 거스름돈을 돌려받았다. 아니면 카드를 돌려받든지. 그러나 하이패스가 등장하자 우리는 그저 정해진 속도로 그곳을 지나기만 하면 비용을 지불할 수 있게 되었다. 그 과정에서 지금까지 톨비를 받아왔던 노동자들이 무슨 일을 하게 되는지에 대한 사회적 고민은 없었다. 우리에게 남은 것은 기술 발전이 우리를 편리하게 한다는 사실뿐이었고, 그로 인해 우리의 시간을 단축했다는 사실뿐이었다. 아빠가 하이패스를 처음 달았을 때, 엄마와 나는 쓸데없이 돈 주고 하이패스를 왜 사냐고 아빠를 타박했다. 나는 진심으로 그렇게 생각했다. 그러나 세상은 내 예상보다 빠르게 변했고, 최근에 출고되는 신차에는 하이패스 단말기가 미리 설치되어 나온다. 내 차의 경우에는 백미러에 달려 있다. 아빠는 차를 인수받기 전 하이패스 카드를 준비해 두라고 일렀지만 나는 몇 달이 지난 지금까지도 하이패스를 사용하지 않는다. 우리의 시간이 단축된 만큼, 일자리가 빠르게 사라지고 있다는 점이 못내 마음이 쓰이기 때문이다.

사람들은 흔히 기술이 발전하면, 우리가 노동으로부터 자유로워질 것이라 낙관한다. 사람을 상대하는 귀찮은 일을 하지 않아도 되고, 더러운 일은 전부 기계가 맡아서 할 것이다. 그래서 누군가의 노동시간은 단축될 것이고, 노동으로부터 자유로워질 수도 있다. 실제로 몇몇 IT기업은 전 직원 재택근무를 실시하고 있다. 몇 달 전 해당 기업에서 일하는 개발자와 인터뷰를 했는데, 그는 재택근무를 매우 마음에 들어했다. 굳이 직장까지 이동해야 할 필요가 없기 때문에, 보통의 직장인보다 잠을 더 잘 수도 있다. 또한 주어진 일을 처리하기만 하면 되므로, 자신의 스케줄에 맞추어 노동강도를 조절한다고 했다. 덕분에 그는 최선을 다해 아픈 강아지를 돌볼 수 있었다. 아마 우리 모두가 원하는 삶의 모습이 이런 모습이리라.

그러나 현실의 고용주와 노동자라는 관계에서, 집이든 직장이든 어디에서나 일할 수 있다는 사실은 시간에 대한 통제권을 누가 가지고 있느냐에 따라 낙관과 비관 사이를 오간다. 개발자의 사례에서처럼, 노동자가 노동시간에 대한 통제권을 가지고 있는 상황에서 재택근무는 매우 좋은 제도이지만, 그 시간의 통제권을 고용주(사용자)가 가지고 있는 상황에서는 노동자들의 개인시간과 노동시간의 경계가 희미해진다. 또한 노동시간을 측정할 수 없어 임금으로 계산되지 않음에도 불구하고 고용주의 요구에 따라 노동자는 언제든 일을 해야만 하는 상황에 처한다. 고용주는 우리가 일하는 시간을 자신에게 유리하게 측정하고 싶어 한다. 그들의 마음에 공짜 노동은 있어도, 공짜 수당은 없는 법이다. 더욱이 재택근무가 발전함에 따라, 노동시간에 대한 감시기술도 나날이 발전하고 있다. 집에서 일해도, 고용주의 눈은 집에 달려 있어야 한다. 그래야 노동자들이 소위 '농땡이'를 피우지 않고 일에만 전념할 것이기 때문이다.

최근 내가 여성민우회와 함께 진행했던 시간주권에 대한 연구를 통해 만난 노동자들 중 몇몇은 상상할 수 없을 정도로 시간 전체를 고용주에게 저당 잡혀 있었다. 이들은 아직 기계가 하지 못하는 일을, 기계처럼 수행할 것을 요구받았다. 한 노동자는 일주일에 2~3일 정도 재택근무를 하고 있었는데, 근무시간이 종료된 이후에도 언제든 전화를 받을 수 있도록 대기할 것을 요구받았다. 잠시라도 메신저 응답이 늦으면 고용주에게 '안부를 묻는' 전화가 왔으며, 간혹 받지 못할 때면 고용주는 '우리 업계는 그런 업계이기 때문에(?)' 24시간 핸드폰을 쥐고 있어야 한다고 훈계를 했다. 다른 노동자는 여가시간에 취미로 (상업적이지 않은) 예술활동을 하고 있다고 말했다가 일에 방해가 되니 다음부터는 여가시간에 그 일을 하지 말 것을 요구받기도 했다. 자신이 원하는 날짜에 쉴 수 없었던 교대근무 노동자도 있었다.

이런 사례들을 통해 볼 때, 24시간 가동될 수 있는 기계처럼 노동자를 간주하는 한국의 장시간 노동체제에서 기술이 발전한다고 노동조건이 좋아질 것이라 낙관하기는 어려운 것 같다. 코로나19가 유행할 당시, 많은 기업들이 재택근무를 시행했지만 지금도 시행하고 있는 기업들은 극소수에 불과하다. 노동시간과 노동장소 등을 완전하게 개인이 정할 수 있도록 하는 자율근무제를 시행한다 하더라도 이는 장시간 노동을 전제로 하기에 노동자들에게 시간주권이 주어졌다고 보기는 어렵다. 내가 인터뷰한 사례 중에서 유일하게 한 노동자만이 회사에서 전적으로 자율근무제를 시행하고 있었다. 그의 회사는 하루 노동시간도 정해두지 않았고, 그래서 그는 원하는 때 출근하고 원하는 때 퇴근할 수 있었다. 집에서 일하든 회사에서 일하든 상관없었다. 그러나 이는 그가 일하고 있는 업계가 이미 장시간 노동이 만연한 분야였기 때문에 가능했다. 회사가 감시하지 않아도 처리해야 할 일이 너무 많아서 노동자들은 회사가 지급하는 급여보다 더 길게 일할 수밖에 없었던 것이다. 이런 상황에서 회사는 노동자들이 주어진 일을 했는지 확인하기만 하면 된다. 그래서 그는 똑같이 길게 일할 바에야 시간과 공간을 마음대로 선택할 수 있는 지금이 좋기는 하지만 일과 생활이 분리되지 않아 개인 생활시간에도 일을 생각하게 된다는 점이 힘들다고 말했다. 체감상 거의 모든 시간이 일터에 매여 있는 느낌이라는 것이었다.

시간을 자율적으로 조정할 수 있는 직업을 갖고 있는 '나'도 자주 그러한 느낌에 휩싸인다.• 나는 석사 때부터 연구실보다는 집에서 공부하는 것을 더 좋아해 논문도 자취방에서 혼자 썼는데, 지금도 자취방에서만 공부를 한다. 그래서 일과 생활의 경계가 흐뜨러지기 쉽고, 나 또한 이를 잘 알고 있어 직장에 다닐 때처럼 평일 9시부터 5시까지 시간을 정해두고 그 시간에만 공부하는 편이다. 오후 5시 이후나 주말에는 무조건 쉰다. 문제는 우발적인 상황에 발생한다. 최근 나는 코로나에 걸렸는데, 처음 3일간은 열이 높아 별다른 생각을 하지 못하고 축 늘어져 지내다가 열이 떨어지고 난 이후부터는 매일 아침 '오늘은 내가 책을 읽을 수 있는 컨디션인지'에 대해 생각했다. 마감일이 코앞이라 꼭 해야만 하는 일이 있는 것이 아니었음에도 격리 기간 동안 '아무것도 하지 않는 상태'

• 이 책을 쓰는 도중 나는 원래 다니던 직장에서 계약기간 만료로 퇴사했다. 그래서 어떤 글에서 나는 직장인이지만, 이 글을 쓰는 지금 나는 전업 대학원생이다.

파트 2

에 마음이 불안해졌던 것이다.[*] 이처럼 단순히 노동자에게 시간을 자율적으로 운용할 권리를 준다고 해서, 노동자에게 시간에 대한 권리가 주어지는 것은 아니다. 이는 반드시 장시간 노동체제의 해체와 동반되어야 한다. 그렇지 않으면 우리는 우리가 반드시 쉬어야만 하는 그 시간에도, 우리가 우리의 생활을 꾸려야 하는 그 시간에도 (겉으로 보기엔) '자발적으로' 일을 하게 된다.

윤석열 대통령은 후보 시절 아이돌봄을 위해 재택근무를 확대하겠다는 공약을 내놓았다. 고용주들은 노동시간에 노동자들이 무슨 일이 있어도 회사 일만 하기를 바란다. 그런데 대놓고 아이를 돌보라는 의미에서 재택근무를 확대한다니… 아이를 돌보며 일을 제대로 할 수 있는 사람이 몇이나 될까? 설령, 아이를 돌보지 않을 때와 동일하게 일을 한다고 하더라도 이 사람이 그전과 똑같이 일하고 있다고 믿어줄 사람이 몇이나 될까? 결국 이 제도를 신청할 경우, "나는 반쪽짜리 노동자예요. 하지만 전일제와 똑같은 돈을 받고 있죠"

● 그래서 결국 좋지 않은 컨디션으로 몇 건의 인터뷰를 했다.
  인터뷰를 하면서도 나는 계속 '내가 왜 인터뷰를 굳이 한다고
  했을까' 하고 후회했지만 결국 그 이후 책도 간간이 읽었다. 최근
  나는 점점 내가 '일 중독자'가 되어가고 있는 것이 아닌지 부쩍
  생각한다. 장시간 노동체제의 해체를 울부짖고 있음에도 한국
  사회가 나에게 요구하는 노동의 조건을 채우지 못할 때면 나도
  불안해지는 것이다.

라고 선언하는 일이 아니라고 누가 말할 수 있나? 고용주가 (정부에서 제공하는 금전적 인센티브를 받고자) 이 같은 상황을 허락한다 하더라도, 이 제도를 좋아하는 부모들은 그다지 없을 것 같다. 인터뷰에 참여한 한 노동자는 이렇게 말했다. "(그 공약은) 미친 것 같아요. 정말. 왜냐면 아기가 집에 있는 이상 재택근무를 할 수 없어요. 그거는 아기도 돌볼 수 있는 게 아니라… 근무도 할 수 있는 게 아니에요. 그냥 애기 있는 엄마는 회사 가고 싶지. 집에서 아기 보면서 근무할 수 없고 하고 싶지 않아요."

7.

내 주변의 몇몇 마르크스주의자들은 모든 문제가 공산주의 사회에서 해결될 것이라 믿어 의심치 않는다. 결국 여성억압도 자본주의를 지탱하는 구조의 일부이기 때문에, 모든 여성이 경제적으로 자립할 수 있게 된다면, 다시 말해 임금노동자가 된다면 종국에는 여성억압 또한 장기적으로 해결될 수 있으리라 낙관한다. 소련이나 중국 같은 사회주의든, 북유럽 국가와 같은 사회민주주의든, 영국이나 미국과 같은 자유주의든 남성의 범죄 희생양이 되는 것은 여성이고, 여전히 (정도의 차이가 있기는 하지만) 다른 모든 조건이 동일할 때 남성보다 여성이 더 적은 급여를 받고 있음에도 불구하고, 이들에 따르면, 그것은 자본주의의 문제이고 사회주의는 이를 해결할 수 있다. 왜? 엥겔스와 마르크스가 그렇게 말했으니까. 성차별이 만연하던 그 과거에 선지자 엥겔스는 여성이 억압받고 있다는 것을 드러냈으니까, 우리는 다르다. 나는 다르다.

마찬가지로 어떤 페미니스트들은 남성중심성이 없어지면, 여성들은 억압받지 않을 것이라 기대한다. 하지만 누누이 말하건대 그것은 특정 여성의 경우에만 해당된다. 어떤 부모 밑에서 태어났느냐에 따라 삶의 경로가 결정되고, 얼마나 공부했느냐에 따라 혹은 돈이 되는 공부를 얼마나 많이 했느냐에 따라 버는 돈이 다른 사회에서, 남성중심성이 해체된다고 하여 모든 여성이 억압체계에서 해방될 수는 없다. 이 세계를 구성하는 억압의 조건이 남성중심성만은 아니기 때문이다.

페미니스트 철학자 케이시 윅스Kathi Weeks는 계급과 남성중심성 모두를 타파하는 전략으로 노동시간 단축 의제를 가져온 바 있다. 윅스는 노동을 가치 있는 것으로 여기는 마르크스주의의 사고방식을 비판한다. 이러한 사고관은 생산을 더 많이 해야 한다는 인식으로 연결되며, 곧 장시간 노동을 야기한다는 점에서 문제가 있다. 앞서 설명했듯, 장시간 노동은 '돌보아야 할 존재가 없는 사람'을 전제로 한 남성중심적 행위이기 때문이다. 성별을 떠나 노동자 개인의 건강에도 좋지 않다. 따라서 사회의 남성중심성과 자본주의의 생산

중심주의를 타파하기 위해서, 우리는 손으로 하는 노동이 가치 있는 노동의 본질이라는 생각에서 벗어나 노동을 그저 일로 바라보고 일하는 시간을 줄여야 한다, 우리 모두가 돌봄자라는 인식 위에서.[26]

또한 점차 빨라지고 있는 현대사회에서 돌봄은 가속을 늦출 수 있다. 사회학자 하르트무트 로자Hartmut Rosa는 후기 근대성의 특징이 가속성이라 지적했다. 세상이 점점 더 빨라지고 있고, 이러한 속도는 협상 불가능한 것으로 자리 잡아 이제는 모두가 빨라야만 한다. 과거에 이러한 가속은 공간에 묶여 있던 인간을 해방하는 가능성으로 상상되었지만, 이제는 해방이 아닌 예속의 압력으로 경험된다.[27] 그래서 우리는 느린 존재들을 마주할 때 화가 나는 것이다. 우리는 점차 나를 느리게 만드는 상황을 견딜 수 없게 되어가고 있다.

그러나 돌봄은 결코 빨라질 수 없다. 돌보는 행위는 그 자체로 이미 '느린 속도'를 전제하고 있기 때문이다. 걸음마를 뗀 지 얼마 되지 않은 아이에게 빠르게 움직일 것을 재촉할 수 없다. 모든 세상이 신기한 아이에게, 길가에 시선을 두지 말고 앞만 보고 걸으라며 재촉할 수 없다. 걸음이 불편한 할머니에게 엘리베이터에 좀 빨리 타라고 타박할 수는 없는 것이다. 돌봄은 타인의 상황에 나를 맞추고, 주의를 기울여 타인의 욕구를 읽어내고, 제공해야 하는 일이기에 본질적으로 느린 행위다.

우리 모두가 돌봄을 해야만 한다면, 우리 모두가 누군가를 돌보고 있다면, 우리는 우리에게 의존하는 사람들의 '느린' 시간성에 익숙해질 테고, 그렇지 않다 하더라도 우리에게 의존하는 그 생명들을 떠올리며 타인의 느림에 조금 더 관대해질 수 있다. 노동시간이 단축된다는 것은, 결국 지금보다 우리가 해야만 하는 일의 양이 줄어든다는 것을 의미하고, 우리는 여유로운 시간 속에서 출근시간이 조금 늦어지는 것에 더 이상 분노하지 않을 수 있다. 빨라져만 가는 현대사회에 제동을 걸 수 있다.

물론 노동시간을 단축한다 하여 모든 문제가 급속도로 바뀌는 것은 아니다. 하지만 보편적 노동자를 돌봄노동자로 설정할 때, 많은 사람들이 더 나은 삶을 기대할 수 있다. 홀로 아이를 낳은 수많은 여성들은 국가의 보육 시스템에 기대어 아이를 돌보면서 임금노동을 할 수 있을 것이다. 남성들 또한 반려동물이나 자녀에게 더 많은 시간을 투여하여 자신의 삶을 더욱더 풍요롭게 만들 수 있다. 자신에 대해 더 잘 들여다볼 수도 있을 것이다. 만성피로에 시달리는 일도 없을 것이다. 이미 노동자를 고용할 필요가 없도록 기술은 점점 더 발전하여 많은 사람들을 실직 상태로 몰아넣고 있다. 우리는 일부 일자리를 없애는 데 이 기술을 사용할 것이 아니라, 일자리를 나누고, 사람들의 노동시간을 줄이고, 우리가 더 많은 시간을 우리가 원하는 곳에 쓸 수 있도록 재편할 수도 있을 것이다. 누군가의 배를 불리는 데 기술을 사용할 것이 아니라, 실직한 사람들을 구시대적이라고 비난할 것이 아니라, 우리는 그 누구도 고통받지 않는 삶을 위해 기술을 올바르게 사용할 수 있도록 감시해야만 한다.

6장

생산×소비[•]

자본주의 사회에서, 생산과 소비는 거울상으로 존재한다. 상품을 생산하기 때문에 소비해야 하며, 소비하기 때문에 상품은 생산된다. 소비되지 않는 상품은 생산될 수 없다. 그래서 자본주의는 끊임없이 노동자들을 소비자로 호명하면서 다양한 상품들을 사도록 부추기고, 이를 통해서 자신의 정체성을 드러내라는 명령을 주입한다. 그런 점에서 노동자들의 단결을 꿈꿨던 마르크스주의의 희망이 산산이 조각난 것은 자본주의가 노동자들을 노동자로 호명하는 것이 아니라, 소비자로 호명해내기 때문이다. 이제 더 이상 자신이 생산수단을 가지고 있지 않다는 것, 자본가와의 권력적 관계로 인해 착취받고 있다는 사실에 민감해하는 사람은 없다. 더 많은 돈을 원할 뿐이다. 더 많은 임금과 더 많은 물건, 그리고 내가 소비할 수 있는, 자본주의가 그려내는 나 자신이라는 이미지.

[•] 특히 이 장은 덕성여대 김주희 선생님의 도움을 많이 받았다. 선생님께 감사드린다.

1.

때는 10여 년 전 크리스마스이브였다. 나와 내 친구들은 동아리방에서 크리스마스 파티를 하기로 했다. 누군가는 자본주의 사회에서 소비를 부추기는 농간에 지나지 않은 크리스마스에 파티를 해야 하냐고 볼멘소리를 냈지만 우리는 참여관찰도 할 겸 이번 크리스마스만큼은 "미제의 똥물"을 뒤집어써 보기로 결론을 냈다. 내가 주도했다. 그래서 당시 우리는 5만 원씩 총 40만 원을 모아 코스트코 상품권을 샀다. 당시 대부분의 동아리원은 코스트코에 가본 적이 없었다. 장보기를 귀찮아했던 몇몇을 빼고 나를 포함한 네 명이서 지하철과 버스를 타고 양재에 있는 코스트코에 갔다.

크리스마스이브에 양재 코스트코라니, 그 일대의 교통정체를 알 만한 사람이라면 절대 가지 않을 테지만 그때 우리는 아무것도 몰랐고 전 세계에서 매출 1위라는 위엄을 달성한 양재점을 꼭 가보고 싶었다. 충무로에서 버스를 타고 양재로 들어가기까지 한세월이 걸렸다. 드디어 양재점에 도착해 입구에서 점원에게 상품권을 보여준 뒤 우리 모두는 탄성을 질렀다.

그리고 그 순간 카트를 밀던 나를 제외한 세 명이 사라졌다. 미리 약속이라도 한 듯 친구들은 제각기 흩어져 각자의 탐험을 떠났다. 나는 카트를 밀고 있었으므로, 그 많은 인파를 뚫고 나의 모험을 떠날 수 없었다. 어디선가 친구들은 각자 양손에 음식을 들고 나타났다. 나는 한 명이 돌아오면 붙잡고, 또 한 명이 돌아오면 떠나지 말라고 붙잡았지만, 내가 스마트폰으로 친구들이 양손 가득 가져온 음식의 가격을 계산하는 사이 모두 다시 어디론가 사라졌다. 양재점에 도착하기 전까지만 해도, 40만 원에 맞춰 사야 한다는 나의 신신당부에 걱정하지 말라고 고개를 끄덕였던 친구들은 이제 자신이 좋아하는 음식을 손에 쥐고 인파 속에 파묻힌 나를 찾아 카트에 내려놓으면서 그것들을 사야만 하는 이유를 장황하게 설명했다. 나는 몇 번이고 어린아이를 타이르는 엄마처럼 "다시 갖다 놔" "안 돼" "이미 돈 오버됐다고"라고 말하며 계산기를 두드려대고 있었다. 나를 설득하지 못한 친구들의 표정에는 실망감이 어려 있었지만 이미 40만 원이 훌쩍 넘었기 때문에 어쩔 수 없었다.

계산대에서 결국 우리가 준비한 돈을 훌쩍 넘어서자, 뺄 물건을 빠르게 눈으로 훑던 나를 제외하고 나머지 셋은 자신의 돈을 내놓을 생각을 했다. 결국 우리는 그날 개인 통장의 돈을 다 꺼내놓은 다음에야 매장을 떠날 수 있었다. 아무리 미제의 똥물을 뒤집어쓰기로 했기로서니 출입문을 들어서자마자 그렇게 다들 자본주의적 인간이 되어 눈이 돌아가다니, 어이가 없었다. 우리가 다시 그 짐을 짊어 메고 버스를 타고 학교로 돌아왔을 때는 이미 9시가 훌쩍 넘은 시간이었다. 우리는 동아리방에서 탁자 가득 음식을 풀어 놓았다. 장을 보러 따라가지 않은 친구들은 왜 이렇게 많이 샀냐며 우리를 타박했지만 나를 제외한 세 명의 친구들은 '이소진한테 욕먹어서 산 게 이 정도'라고 말하면서 얼마나 사고 싶은 게 많았는지 그날의 경험을 늘어놓았다. 나는 나대로 너네 때문에 얼마나 힘들었는지 아느냐고 친구들을 타박했다. 하지만 결국 우리가 먹을 수 있는 음식의 양보다 많은 음식을 산 것은 사실이었고, 다음 날 많은 음식들이 쓰레기통에 버려졌다.

2.

소비의 사회에서, 내가 무슨 일을 하고 있는지는 별로 중요하지 않다. 내가 얼마나 많은 부를 가지고 있는지, 어떤 물건을 가지고 있는지가 더 중요해졌다. 여기에 더해 현대사회에서는 실제로 내가 어떤 삶을 영위하고 있는지는 중요치 않다. 소비는 돈을 가진 모든 이에게 열려 있고, 중요한 것은 내가 그것을 살 수 있느냐 없느냐의 문제이지 나의 계급과는 관련이 없는 것처럼 여겨진다. 소비를 통해 구축되는 나의 정체성을 드러내는 것이 사명이 된 지금, 계급은 그렇게 잊힌다. 마르크스가 생각했던 것과 달리 노동자들이 서로 연대하지 못하고, 서로 할퀴는 것은 이제는 '무슨 일을 하는가'보다는 '어떤 물건을 소비하는가'에 따라 정체성이 규정되기 때문이다.

우리는 더 이상 필요에 따른 소비를 하지 않는다. 우리는 상징을, 차별화를 구매한다. 철학자 보드리야르Jean Baudrillard는 자본주의 사회에서 소비란 어떠한 상품이 필요하기 때문에 구매하는 것을 의미하지 않는다고 지적한 바 있다. 그에 따르면, 사람들은 자신과 타인을 구별짓는 기호로서 사물을 소비한다. 중요한 것은 구별짓기다. 물론, 많은 학자들이 이미 자본주의가 소비라는 욕망을 생산해내고 있음을 지적한 바 있지만 보드리야르는 프로테스탄티즘 윤리에 따라 자본주의 사회에서도 저축이 미덕인 때가 있었으므로 이를 단순히 구조로부터 주조된 (만족할 줄 모르는) 인간의 본성으로 파악하기보다는 소비라는 행위에 내재되어 있는 구별짓기에 주목해야 함을 주장했다.[28]

보드리야르는 소비라는 행위에 문화에 대한 위계가 자리한다고 지적한다. 소비의 욕구는 상류계급을 거쳐야만 비로소 대중에게 선택의 권한을 부여한다. 보통 사람들의 욕구는 상류계급의 욕구에 비해 시간적으로 그리고 문화적으로 항상 뒤처질 수밖에 없으며, 이는 민주주의 사회에서 드러나는 대표적인 차별의 하나다. 예를 들어, 과거 외제차는 상류층의 전유물이었으나 이제 서울 시내에서 BMW나 벤츠, 아우디는 흔히 볼 수 있는 차가 되었다. 한때 상류층의 스포츠였던 골프 또한 마찬가지다. 돈이 많지 않아도 골프를 칠 수 있고, 실제로도 많은 사람들이 골프를 치고 있다. 이제 골프를 치는 행위와 '부' 그 자체는 큰 연관이 있어 보이지 않는다.

　그러나 소비가 '민주화'되자, 상류층은 더 비싼 것, 더 희소한 것으로 그들의 취향을 옮겨 갔다. 이제 돈 좀 있다는 사람들은 더 이상 벤츠, 아우디, BMW를 타지 않는다. 이 사람들은 이제 롤스로이스나 페라리를 탄다. 물론 대부분의 사람들은 그 차가 더 좋은 차라서 탄다고 하겠지만, 보드리야르가 보기에 이는 자기합리화에 불과한 거짓이다. 그에 따르면, 자본주의 사회에서 어떠한 상품을 소비하고자 하는 욕구는 (그 사물이 필요하기 때문에) 소유하고자 하는 욕구가 아니다. 그보다는 타자와 나 자신을 구별지으려는 차이를 향한 욕구다. 따라서 완전한 만족은 있을 수 없다.[•]

　박해영 작가의 〈나의 해방일지〉(2022)에는 소유가 아닌 구별짓기에 기반하는 소비의 특성이 잘 드러난다. 경기도에 살며 서울로 출퇴근하는 염씨네 3남매 중 둘째인 창희(이민기)는 화장실이 급해 동네 일꾼 구씨(손석구)네 집에 들른

[•] 이러한 소비의 계층화는 단순히 한 국가 내에서 부유한 사람과 그렇지 않은 사람, 혹은 상류층과 그렇지 않은 계층 사이에 발생하는 것이 아니다. 국가들 사이에도 위계가 존재하기 때문에 국가 간에도 소비의 계층화가 발생한다. 많은 국가들은 서구의 것을 향해 나아가고 서구의 한시적인 인정을 받았을 때, 비로소 안도감을 느낀다. 미국의 대중음악은 그 자체로 팝송이지만, 한국의 대중음악은 영원히 팝송이 될 수 없다. 케이팝으로 머무를 뿐이다.

다. 그렇게 들어간 화장실에서 창희는 한편에 놓여 있는 롤스로이스 차키를 발견한다. 그는 이 차키를 보고는 자신이 구씨에게 부탁만 한다면 롤스로이스를 몰아볼 수 있다는 생각에 일주일 동안 행복해하며 퇴근 무렵 매일같이 구씨네 화장실에 들러 차키를 영접한다. 결국 그는 구씨 앞에 무릎을 꿇고 앉아 차키를 양손으로 떠받들면서 차키의 존재만으로도 기분이 좋다며, 차가 아니라 키만 있다고 해도 그렇다고 말하지 말아달라고 애걸한다. 결국 창희는 구씨의 롤스로이스를 출퇴근용 자동차로 사용하게 되는데, 얼마 지나지 않아 창희는 롤스로이스 때문에 더 이상 행복하지 않은 자신을 발견한다.

결국 창희에게 롤스로이스는 자신을 성자로 살게 하는 '무엇'이다. 10여 년 전 나와 친구들은 서울의 한복판에서, 그것도 문에 버젓이 '지금까지 철학은 세계를 다양한 방식으로 해석해왔다. 그러나 중요한 것은 세계를 변혁시키는 것이다'라고 적힌 동아리방에서, 상품의 천국인 미국을 향유했다. 그 순간 우리는 마르크스주의자가 아닌 그저 자본주의 시대를 살아가는 한 명의 소비자였을 뿐이었다. 그 쾌락, 위스키를 마시면서 이런 문화를 '즐기고' 있다는 감각. 미국 문화의 단순한 모방이었을 뿐이었는데도 우리는 그 순간 우리가 무언가 된 것 같은 느낌을 받았다. 이 느낌은 창희가 느낀 '성자가 된 기분'과 유사했다. 자신의 것이 아님에도 가질 수 있다고 생각하는 것만으로도 행복한 기분. 그 마약 같은 기분.

3.

최근 '씨발비용'이라는 말이 인터넷에서 유행이 된 적이 있다. 씨발비용이란, 일터에서 받은 스트레스를 해소하기 위해 충동적으로 하는 지출을 의미한다. 나는 소비가 본질적으로 쾌락적임을, 우리를 노동하게 하는 이유로 자리 잡았음을, 노동자에게는 일종의 마약으로 기능하고 있다는 사실을 드러낸다는 점에서 이 말을 좋아한다. 쓸 필요가 없는 돈임을 알면서도 쓸 수밖에 없는 비용들이다. '씨발'이라는 비속어는 자신이 쓰지 않아도 되는 돈을 사용했다는 사실에 사람들이 자조하고 있음을 드러낸다.

나는 종종 너무나 피곤해서 아무것도 하기 싫을 때면, 그래서 집에 있는 밥도 차려 먹기 귀찮고 그저 누워 있고만 싶을 때면 배달음식을 시켜 먹는다. 집에서 5분 거리에 있는 가게의 음식도 배달해 먹는다. 내가 조금만 덜 피로했다면 나는 걸어서 그 식당에 갔을 테고, 배달비도 줄일 뿐만 아니라 일회용품도 줄여 환경에 도움이 되었을 테지만 나는 그렇게 할 기력이 없어 결국 돈을 쓴다. 가끔은 너무나 피곤해서 택시를 타기도 한다. 이 또한 내가 덜 피곤했다면 대중교통을 탔을 테니 소비할 이유가 없었을 비용이다.

나는 씨발비용을 소비하면서, 동시에 내가 이 돈을 쓸 수 있다는 사실에 안도감을 느낀다. 이 정도로는 벌고 있구나,

이 정도로는 사용할 수 있는 사람이 되었구나에 위안을 느끼는 것이다. 그래서 단순히 피곤함 때문에 이 돈을 쓴다고 보기는 어렵다. 소비를 할 수 있다는 사실은 나에게 어떤 종류의 충족감을 주고, 나는 결국 돈을 쓰기 위해 번다는 사실을 다시 확인하면서, 소비를 인정한다. 그런 점에서 씨발비용은 시간을 낭비할 수 없는 사람들이, 시간 대신에 돈을 낭비하여 스트레스를 낮추고자 하는 몸부림이자 노동하는 자신에 대한 충족으로 읽어낼 수 있다.

이처럼 우리가 쓸데없는 소비를 지속하는 것은 본질적으로는 시간이 없기 때문이다. 우리는 낭비할 시간이 없다. 해외여행과 같이 장시간의 휴가를 요하는 여행을 자주 갈 수 없는 한국인들에게 호캉스는 하나의 대안적 여행으로 자리 잡아왔다. 나도 호텔에서 즐기는 하루 동안의 바캉스를 좋아한다. 깔끔한 방에서 묵으며 하루 동안만이라도 '세상과 단절되어 있음'이라는 기분을 향유하고 싶기 때문이다. 그 시간만큼은 생산적이어야 한다는 자본주의의 명령을 듣지 않아도 될 것 같은 안도감이 나에게 휴식을 준다. 집에서 텔레비전을 보나, 호텔에서 보나 텔레비전을 본다는 행위 자체는 동일하지만, 그러한 휴식처가 되어야 했을 집은 너무나 현실적이어서, 현실과 연결되어 있어서, 집에서도 생산적이어야 한다는 강박을 갖고 살아가는 현대인에게 더 이상 휴식처가 되지 못한다.

결국 결론은 소비다. 철학자 벤야민Walter Benjamin은 일찍이 '산보객'이라는 개념으로 자본주의를 향유하는 현대인의 모습을 그린 바 있다.[29] 길가를 따라 늘어서 있는 쇼윈도와 쇼윈도 사이를 마치 미술관의 작품을 감상하듯 걸어 다니는 사람들. 연남동이나 삼청동에서 그저 걸어 다니다가 사려고 생각지도 않았던 물건을, 사실 그다지 필요없을지도 모를 물건을 사본 경험은 누구에게나 있다. 우리는 산책을 하면서도, 상품에 현혹되고, 결국 소비한다. 그런데 자본주의 사회에서, 애초에 소비하지 않는 산책이라는 것이 가능하기는 한가?

　　그런 면에서 '해외여행'은 소비의 정점으로 해석할 수 있다. 여행에서 사실 우리는 숨만 쉬어도 돈이 나간다. 모든 것을 소비를 통해 해결해야 하기 때문이다. 나는 사실 해외여행을 가서 돈 쓰는 일 말고는 하는 일이 별로 없다. 딱히 박물관이나 미술관, 역사유적지를 좋아하지 않기 때문이다. 이런 나의 여행 스타일이야말로 소비의 정점이라 볼 수 있는데, 나는 그저 한가롭게 시간을 낭비하면서 도시를 걸어 다니며 쇼윈도를 구경하거나, 동네 구석진 자리에 위치한 카페에 들어가 커피를 마시면서 책을 읽는 것을 좋아한다. 맛있는 음식을 먹으면서 술을 마시는 일도 좋아한다. 실상 한국에서도 모두 다 할 수 있는 일이다. 다른 점이라곤, 내가 알아들을 수 없는 말들을 하는 주위의 풍경과 내가 이방인으로서 온전히 나 자신을 즐길 수 있다는 사실, 그리고 이미 돈을 쓰기로 작정하고 왔으므로 며칠간은 돈에 대해서 걱정할 필요가 없다는 사실 정도다.

4.

내가 기억하기로 10여 년 전의 크리스마스에서 우리가 제일 행복했던 시간은 우리가 파티를 했던 그 순간이 아니라, 코스트코의 출입문에 섰던 바로 그 시간이었다. 물류창고의 웅장함과 무엇이든 살 수 있을 것이라는 가능성으로 상품들 사이를 이리저리 헤집고 다니던 바로 그때, 우리는 제일 행복했다. 그야말로 청춘과 낭만의 크리스마스였다.

　이처럼 청춘이나 낭만과 같은 사랑의 감정도 자본을 경유하며 직조된다. 우리는 이러한 감정들 중에서도 특히 사랑을 사회구조와는 관련이 없는, 역사의 어느 때건 존재해왔던 숭고한 감정이라 생각한다. 모든 가치들이 돈과의 교환 가능성으로 상상되는 자본주의 사회에서 (현실적으로는 어렵지만) 돈과 무관한 사랑이야말로 진정한 사랑이라고 여기는 것이다. 비극적인 사랑 이야기의 단골 소재는 가난한 두 사람이나 부유한 두 사람의 사랑이 아니라, 부유한 사람과 가난한 사람의 사랑이라는 점에서도 우리가 돈을 떠난 사랑에 가치를 부여하고 있다는 사실이 드러난다. 젊을 때 우리는 한 번

쯤은 그러한 사랑을 꿈꾼다.

그러나 사랑은 자본주의에서 다시 태어난다. 일찍이 페미니스트 사회학자 에바 일루즈Eva Illouz는 로맨스라는 감정을 자본주의와 연관시켜, 자본주의가 특정한 행위 양식을 사람들에게 제시하고 이를 수행하게 함으로써 사랑이라는 감정을 추동한다고 지적한 바 있다. 일루즈는 소비에 기초한 새로운 로맨스 공식의 성립 과정을 살펴본다. 자본주의 사회에서 사람들은 여러 매체를 통해 재현된 이미지들을 접하면서, 상품을 소비하고 여가를 소비하는 방식을 통해 로맨스를 추구할 수 있다고 여기게 된다. 대중매체가 로맨스를 재현함에 따라, 로맨스라는 고급문화는 대중적인 것이 되었으며, 또한 대중문화의 관행들은 고급화되었다. "로맨스에 대한 새로운 정의"는 "계급 관계 내에서 경제적 힘을 표현하는 문화적 형태"로 자리 잡는다. 따라서 로맨스라는 감정적인 메커니즘을 동원하여, 이윤을 창출하는 지극히 자본주의적인 행위가 바로 연애인 것이다.[30]

그런 점에서 인스타그램은 소비자본주의가 만들어낸 아주 획기적인 앱이다. 페이스북이나 트위터와는 차별화된 인스타그램만의 유용함이 바로 여기에 있다. 트위터에서 페이스북으로, 페이스북에서 다시 인스타그램으로 이동하는 소셜미디어의 변화 과정은 이미지가 얼마나 우리 삶에 있어서 핵심적인 도구로 등장했는가를 보여준다는 점에서 중요하다. 인스타그램은 사진으로 말한다. 글을 쓰는 공간이 존재하기는 하지만 그것은 인스타그램의 아주 부수적인 기능에 불과하다. 글은 모든 사람들과 해시태그로 연결된다는 의미에서 중요할 뿐, 나의 서사를 이야기하는 것은 오롯이 내가 올린 '이미지'다. 사람들은 글을 읽지 않는다. 그래서 사람들은 사진을 통해서 내가 무엇을 소비했는지 그림으로 담아내기 바쁘다. 소비의 장에서 약속된 룰에 따라, 내가 어떠한 상품을 소비함으로써 지금 어떠한 감정을 담지하고 있는지 연출한 사진의 홍수가 바로 인스타그램이다.

사진이 주된 매체가 아닌 활자가 주된 도구였던 페이스북이나 트위터에서는 내가 얼마나 잘 살고 있는지를 글로 표현했기에, 내가 명확하게 언급하지 않는 이상 내가 무엇을 (얼마나 대단한 것을) 소비했는지에 대해서 직관적으로 전달하기가 어려웠다. 그러나 인스타그램은 다르다. 매우 직관적으로, 사진 하나만 업로드함으로써 내가 지금 느끼고 있는 기분을 전달할 수 있다. 예를 들어, 유럽의 노천 카페에서 편안하게 커피를 마시고 있는 사진 한 장만을 업로드하여, 1. 지금 내가 리스본에 있다(유럽에 여행을 갈 정도로 나는 금전적으로, 시간적으로 여유롭다), 2. 날씨가 아주 좋은 날에 노천 테라스에서 커피를 마신다(그리고 지금 이 순간 여유를 만끽하고 있다), 3. 그래서 지금 나는 해방감을 느낀다, 라는 말을 아무런 글자를 쓰지 않고도 한 방에 전달할 수 있다. 이는 '날씨가 아주 좋은 날 유럽의 스타벅스에서 커피를 마신다' 라는 문장으로도 전달되지 않는 (허구의) 감정을 전달한다. 사실상 사진의 대상이 되는 '나'는 나의 배경을 통해 설명되기에 소비주의적인 것이다.

이처럼 로맨스 또한 이미지 안에서 재현되며, 이미지 안에서 해석되고, 현실이 된다. 몇 년 전 한 연예인은 치킨과 피자가 아주 난잡하게 휴지와 뒤섞여 있는 사진을 업로드하며, 일하고 돌아오니 남편이 치킨과 피자를 먹으라고 남겨 두었다는 내용의 글을 인스타그램에 올렸다. 사람들은 해당 사진을 보고 남편의 무개념을 비난했다. 그러자 그는 해당 글을 지우면서, 남편 덕분에 실시간 검색어 1위를 한다고 남편과 나눈 카톡 사진을 올리고는 남편이 다음 날 사준 대게 사진이나 올릴 걸 그랬다고 덧붙였다.

여기에서 '대게'는 소비주의적인 로맨스 감정의 패턴을 가로지르는 무엇이다. 아마도 그가 말하고 싶었던 것은 대게는 비싸고, 비싼 음식은 소중한 사람에게만 사주기 때문에 (아내를 싫어하는 남편이 아내에게 많은 돈을 쓸 리는 없으므로) 다음 날 대게를 사준 남편은 (당신들이 생각하는 것처럼 나를 개차반으로 취급하는 것이 아니고) 나를 아주 많이 사랑한다는 사실일 것이다. 그러나 어찌 되었건, 그는 대게 사진을 올리는 대신 아주 지저분해 보이는 음식의 사진(기표)을 올렸고, 보는 이로 하여금 가정 내에서 그의 위치(기의)를 상상하게 했다. 저런 음식을 아내 먹으라고 주다니, 뭐 같은 놈 같으니라고. 우리는 이제 소비를 통해서, 소비한 것을 통해서, 타인의 감정을 이해하게 되었다. 진정한 자본주의 세상이다.

앞서 이미 언급했듯, 보드리야르에 따르면, 소비문화란 소비에 의해 관계가 구축되고 문화체계 전체가 소비에 기초하는 체계적이고 포괄적인 활동 및 반응의 양식이다. 그리고 에바 일루즈는 데이트 관행을, 로맨스에서의 감정을 자본주의와 연관시켜 자본주의가 그들을 특정한 행위양식에 맞추어 소비하도록 함에 따라 감정을 추동한다고 지적했다. 두 명의 개인이 행복함을 드러내는 행위로서, 내가 누군가와 사랑에 빠졌다는 행위로서 혹은 내가 누군가에게 사랑을 받고 있다는 행위로서 특정 방식의 소비는 의미화되었다.

그러나 이제 그 범주는 더욱 넓어졌다. 우리는 자기서사를 구성하기 위해서 소비해야 한다. 소비하지 않는 삶은 아무것도 하지 않는 삶으로 비치기 때문에, 이제 우리는 혼자 잘 살고 있다는 사실을 드러내기 위해서 소비해야 한다. 혼자 살아가는 삶, 연애를 하지 않는 삶, 결혼 적령기에 결혼을 하지 않는 삶이 외롭지 않다는 사실을 입증하기 위해서 우리는 스스로 즐기는 모습을 재현해야 한다. 내가 혼자일지언정, 솔로일지언정, 사회생활은 잘하고 있다며 친구들과 즐기는 모습을 재현해야 한다. 혼자 밥을 먹는 게 싫다고 하더라도 이 생활을 즐기며 밥을 먹고 있는 모습을 재현해야 한다.

5.

10여 년 전의 크리스마스에 나와 친구들은 서구의 문화를 향유하기 위해 40만 원이 넘는 거금을 지출했다. 그날 우리가 먹은 음식들은 전부 한국의 음식이 아닌 미국의 것이었다. 우리는 새우 플래터와 샐러드, 로티세리 치킨, 토마토와 모차렐라 치즈, 거대한 버터케이크 등을 차려놓고는 다른 친구가 PX에서 사온 버번위스키와 코냑에 수입 맥주와 크랜베리 주스를 마셨다. 그날 우리는 서울의 중심에서, 남산타워가 보이는 그 오래된 방에서 미국을 향유했다.

우리가 그저 크리스마스에 옹기종기 모여 1년을 정리하는 파티를 하고자 했다면 우리는 좀더 합리적인 방식을 찾을 수도 있었다. 각자 좋아하는 음식을 사서 모일 수도 있었다. 아마도 그랬다면, 족발, 피자, 치킨 등 우리가 쉽게 접할 수 있는 것들이 탁자 위에 올라왔을 것이다. 그리고 편의점에서 쉽게 살 수 있는 소주와 맥주를 마셨을 것이다. 그러나 우리는 좀더 크리스마스의 이미지를 재현하고자 했고, 영화에서 보아왔던 크리스마스에 어울릴 음식들을 (우리가 먹을 양보다 훨씬 많이) 샀고, 결국 다 먹지도 못한 채 쓰레기통에 버렸다.

이 많은 음식들은 어디서 왔을까? 누가 만들었을까? 이 많은 상품들은 어떻게 만들어졌을까? 누가 만들었을까? 이 많은 식재료들은 어떻게 길러졌을까? 누가 길렀을까?

얼마전 나는 넷플릭스에서 '금'에 관한 다큐멘터리를 보았다.[31] 페루의 라팜바 지역은 소위 '임자 없는 땅'으로, 국립 보호구역의 끝자락에 자리한다. 그래서 합법적으로는 금을 채굴할 수 없다. 그러나 늘 그렇듯, 금은 돈이 되기 때문에 많은 사람들이 몰래 금을 채굴한다. 심지어 마약상들과 범죄조직이 불법적으로 광산을 운영하기도 한다. 다큐멘터리는 노동자들이 금을 채굴하는 과정을 짧게 보여준다. 노동자들은 맨몸으로 보호장비 없이 일한다. 이 과정에서 맨손으로 수은을 만지기도 한다. 수은에 노출되는 것이 두렵지 않으냐는 질문에 노동자는 수은 때문에 죽을 수 있다는 것을 알기는 하지만, 조금이라도 돈을 벌기 위해서는 어쩔 수 없다고 답한다. 이렇게 일하고 이들이 받는 일당은 하루 15~18달러 정도다.

법적으로 이렇게 채굴된 금은 상품으로 팔릴 수 없다. 그러나 실제로는 코카인 판매대금을 세탁하는 데 이용된다. 코카인은 라틴아메리카에서 멕시코로 이동하여 미국으로 운반된다. 미국 전역에서 판매된 코카인 대금은 마이애미로 이동하는데, 그곳에서 일련의 과정을 거쳐 은행으로 입금된다. 그리고 이 과정에서 금이 이용된다. 마약상들은 코카인 대금을 페루로 밀수하여, 밀수한 자금으로 불법적인 금을 구매한다. 이후 유령회사를 설립하여 미국의 제련소에 금을 판매한다. 미국의 제련소는 이 금을 '채굴한 금'으로 신고한 후 대금을 유령회사의 은행계좌로 송금하면 돈세탁이 끝난다. 코카인을 판매하여 얻은 수익이 합법적인 방식으로 은행에 입금되는 것이다.

이 과정에서 많은 사람들이 죽는다. 안전장비 없이 금을 채굴하는 과정에서, 많은 사람들이 수은에 중독되고 타박상을 입는다. 그리고 그렇게 만들어진 금이 운반되는 과정에서, 금을 가로채려는 사람들에 의해 표적이 되어 많은 사람들이 죽는다. 금이 모이는 곳에는 돈이 모이기 마련이고, 성매매도 활황을 띤다. 이 여성들도 죽는다. 아들을 위해 일을 시작했지만 죽을까봐 두려워 그만둘 수 없다는 한 성판매 여성은 이런 말을 한다. "미국이든 페루의 금을 사는 다른 어디든 마찬가지로 도착하기까지 많은 손을 거쳐요. 많은 죽음을 거치죠. 이 금에는 정말 많은 이의 희생이 담겨져 있어요. 그런 금이 도착하는 나라에서는 거기 오기까지 있었던 위험을 모르고 사죠. 다들 무서워해요."

그의 이 말이 바로 이 다큐멘터리가 가리키는 핵심이다. 우리는 상품을 구매할 때, 그 상품이 어떠한 과정을 거쳐 우리 손에 당도했는지에 대해서는 알지 못한다. 대중매체와 통신이 발달한 지금은 그래도 (우리가 알기를 원한다면) 인터넷을 통해 그 과정들을 대략이나마 살펴볼 수 있지만, 과거에는 상품은 그저 상품으로서만 쇼윈도 안에 존재했다. 소비자가 알지 못하게 생산 과정을 가리는 일은 자본가들의 전략이기도 했다. 어떤 상품이 (과장이 아니라 실제로) 누군가의 피로 이루어져 있다는 것을 안다면 누가 그 물건을 구입하겠는가.

한국 사람들은 흔히 석유나 금과 같은 천연자원이 많은 국가들을 부러워한다. 나도 그랬다. 교과서에서 그런 식으로 배우기 때문이다. 한국은 천연자원이 거의 없기 때문에 모든 자원을 수입해야 하고, 그래서 의존도가 높아 오일쇼크와 같은 해외발 경제위기에 취약하다. 사우디아라비아 같은 중동 국가들은 석유 자원이 풍부하여 국민들의 소득 수준도 높고 복지도 잘되어 있다. 하지만 적어도 내가 보기에 몇몇 국가들에게 있어서 자원의 존재는 재앙이다. 사람들은 이 자원을 얻기 위해 무장하고, 서로의 손에 피를 묻히고, 서로를 불신한다.

어떤 동네에서는 금 대신 아보카도가 그 역할을 대신한다. 아보카도의 원산지인 멕시코의 한 마을에서는 범죄조직들이 아보카도에 눈독을 들이기 시작했다. 원래 마약을 판매했던 이 조직들은 불법적인 마약을 유통하는 것보다 아보카도가 더 돈이 된다는 것을 알게 되자 매년 수억 달러를 벌어들이는 농장주와 그 가족들을 납치하고, 협박하여 돈을 뜯어낸다. 이 과정에서 사람이 죽는 일이야 어쩔 수 없다. 지역 경찰들은 이미 부패하여 시민들의 방어막이 되지 못한다. 마을 사람들이 할 수 있는 일이란 스스로를 무장하는 일뿐이다.[32]

하지만 우리의 식탁 위에 오르는 아보카도는 참으로 곱다. 그 아보카도 때문에, 칠레에서는 물이 말라가고, 멕시코에서는 사람이 사람을 죽인다. 그러나 이를 모르는 우리가 보기에 아보카도는 동물의 젖으로부터 얻어내는 버터보다 윤리적인 식품이다. 그래서 나도 한때 애용했다. 하지만 실제 생산 과정을 살펴보면 공장식 축산 과정을 통해 일생을 갇혀 지내는 소가 만들어내는 버터나, 인간뿐만 아니라 동식물이 마실 물 모두를 흡수하며 고고히 자라온 아보카도 둘 다 그다지 윤리적이지는 않아 보인다.

비슷한 방식으로 비건(채식주의)이 한국 사회에서 하나의 시장으로 자리 잡으면서, 소비자들의 눈을 속이려는 시도가 많이 관찰된다. 특히 많은 화장품들은 동물성 원료를 쓰지 않는다는 인증마크인 '비건' 마크를 달고 윤리적인 화장품인 양 광고한다. 그러나 이러한 화장품을 판매하는 모기업에서는 여전히 동물실험을 시행하는 경우가 많다. 결국 비건 마크는 '이 상품에 한해' 동물실험을 하지 않았음을 드러내는 지표인 것이다. 화장품 업계의 큰손인 중국에 수출하는 화장품은 반드시 동물실험을 거쳐야 하기 때문에 화장품 업체들은 동물실험을 포기할 수 없다. 모기업에서는 여전히 동물성 원료를 사용하고, 동물실험을 시행하고 있는데 몇 가지 제품에 대해서 비건 마크를 달았다고 해서 그 제품이 윤리적일 수 있을까? 이 제품을 구매한다고 동물권이 보장될 수 있을까?•

6.

소비자인 우리는 많은 물건들의 생산 과정을 전혀 모른다. 당연한 일이다. 죄책감은 소비를 방해할 뿐이니, 자본가들 입장에서 중요한 것은 소비에 새로운 정체성을 부여하는 일이다. 그러나 대중매체를 통해서 내가 아보카도와 금에 대해서 알았던 것처럼, 현명한 소비자들은 자신이 구매하는 상품에 대해서 알고 싶어 하고 그래서 그 상품이 어떻게 만들어지는지 알 수 있게 되었다.

　최근 국내 제빵 대기업 노동자 임종린 씨가 53일간의 단식투쟁을 종료했다. 임종린 씨가 원했던 것은 아주 기본적인 노동권이었다. 월 6회 이상의 휴무와 점심시간 1시간을 보장하고, 연차를 사용할 수 있게 해달라는 것. 상시적으로 발생하는 초과근무를 인정해 달라는 것. 이것이 그가 원하는 전부

●　　그래서 나는 대기업 화장품보다는 작은 기업의 화장품을 애용한다.
　　　　몇몇 기업들은 전 제품에 대해서 동물성 원료를 사용하지 않음과
　　　　동시에 동물실험을 하지 않는다. 선택지가 좁아지기는 하지만,
　　　　우리가 이런 제품들을 많이 사용할수록 소비시장은 느리지만
　　　　천천히 움직이게 되어 있다.

였다. 대한민국 노동자라면 누구나 보장받아야 하는 것을 그는 생을 걸고 호소하고 있었다.

그래서 많은 사람들이 불매운동에 동참했다. 나 또한 동참했다. 그러나 이러한 운동을 할 때면 한편으로는 수많은 프랜차이즈를 운영하고 있는 많은 사장님들의 생계는 어떻게 되는 것인지 우려스럽다. 그 기업은 대체로 (아주 많은 사람들이 지나다니는 강남대로와 같은 특수한 위치를 제외하고는) 본사 직영점을 오픈하지 않고, 가맹점을 통해 사업을 확장해왔다. 따라서 우리가 그 빵을 사지 않으면, 가맹점의 매출이 줄어들고, 결국 타격은 자영업자들이 감당하게 된다. 그럼, 우리의 목적은 달성되었다고 볼 수 있나?

소비자운동의 한계가 바로 여기에 존재한다. 상품은 생산뿐 아니라 유통 과정에서 많은 손을 거쳐 소비자의 손을 기다린다. 그래서 우리가 생산자에게 타격을 주기 위해 '상품을 소비하지 않는다'고 하여 그 타격이 생산자에게만 오롯이 전달되지 않는다. 더불어 소비의 규모를 조절하지 않고, 단순히 다른 제품을 소비하는 행위는 결국 또 다른 착취를 묵인하는 일이 될 수 있다. 다른 빵들은 윤리적으로 생산되는가? 우리는 어떻게 그 사실을 확언할 수 있나? 자본주의 사회에서 오롯이 윤리적으로 생산할 수 있는 상품이라는 것이 존재하는가?

대안적 소비를 통해서, 생산자의 윤리의식을 꼬집으려

는 시도는 종종 선택지의 부재를 통해 산산이 무너진다. 이를 테면 스마트폰이 그렇다. 우리는 스마트폰이 아주 비윤리적인 방식으로 제조된다는 것을 알고 있다. 많은 여성들이 아주 낮은 임금을 받으면서 착취당하고 있다. 이 사실에 반기를 드는 사람은 없을 것이다. 그런데 자본주의 사회에서 노동자로 살아가면서 스마트폰 없이, 핸드폰 없이 살아가는 것이 가능키나 한가?

물론, 여기에도 대안은 있다. 네덜란드의 사회적 기업인 페어폰사는 선주문 후제작 방식으로 공정무역 스마트폰을 판매하고 있다. 아프리카의 분쟁 지역에서 생산되는 광물들이 심각한 인권침해를 야기한다는 점에 문제의식을 가진 페어폰사는 국제시민단체와 함께 비분쟁 광산을 선정하고 지속적인 감시를 통해 윤리적인 스마트폰을 제조한다. 원재료뿐만 아니라 제조 과정에도 개입하여 안전한 노동환경 아래에서 노동자들이 스마트폰을 조립할 수 있도록 하고 있다. 또한 기계가 고장 났을 경우, 사용자가 스스로 수리하여 사용할 수 있도록 디자인하여 지속 가능한 환경을 추구한다.

그러나 페어폰을 구입하고, 사용하는 과정에서 수많은 장벽들을 거쳐야만 한다. 일단 페어폰사가 한국에 진출하지 않았기 때문에 해외 직구를 통해 핸드폰을 구입해야 한다. 여기에 더해 핸드폰이 고장 났을 때는 추가로 부품을 해외에서 조달해야 한다. 페어폰사는 사용자가 스스로 수리할 수 있도록 수리 동영상을 제공하고 있지만, 한국어로 제공하고 있지는 않기 때문에 언어의 장벽은 여전히 공고하다. 그리고 이러한 구매 과정에서 우리는 비슷한 다른 스마트폰을 구매할 때보다 더 많은 돈을 지불해야 한다.

그래서 이러한 대안적 소비는 많은 사람들에게 있어서 진정한 대안이 되지 못한다. 이 과정에서 우리가 늘 '윤리적이기 위해' 더 많은 돈을 지불해야 한다는 것도 하나의 장애물로 작용한다. 너무 피로해서 씨발비용의 지출이 일상적이 되어버린 우리의 삶에서 윤리적 소비에 더 많은 돈을 지불해야 한다는 것은 누군가에게는 과도한 지출이 될 수 있다. 단순히 그 사람이 윤리적이냐, 윤리적이지 않으냐의 문제가 아니다. 윤리적인 사람이라 하더라도 지금의 벌이에서 그러한 선택을 하지 못할 수도 있다는 것이다.

7.

내가 아는 어떤 좌파들은 이러한 한계를 이유로 소비자운동을 조소하면서 결국 아무것도 하지 않는다. 무한한 욕망에 자신을 내맡기는 것이다. 한 친구는 삼성폰을 구매하지 않아야 하는 게 아니냐는 나의 문제 제기에 이렇게 답했다. "대한민국을 살아가면서 삼성제품을 안 쓰고 산다는 게 말이 돼? 너네 집에 삼성제품 없어? 있지? 소비로는 어떠한 문제도 해결할 수 없어. 그냥 써." 그래서 그는 아주 많은 것들을 샀고, 많이 썼다. 나 또한 한때는 그랬다. 소비자운동은 어떠한 것도 해결할 수 없기에 나는 그냥 무절제하게 소비하고 향유했다. 그러나 지금 나는 소비자운동에 한계점이 있다고 해서, 소비를 무제한적으로 옹호하는 것은 단순한 이분법적 논리에 지나지 않는다고 생각한다. 그것은 그저 나의 자책감을 합리화하는 방식에 지나지 않는다.*

소비를 통해서 우리가 많은 문제를 해결할 수 없다면, 소비의 거울상인 생산을 통제하면 될 일이다. 그런 의미에서 탈성장, 더 나아가 역성장을 주장하는 사람들이 있다. 박리다매를 통해 이윤을 추구하는 자본주의 사회에서는 소비가 뒷받침되어야 하기에 이러한 패러다임 아래에서 우리는 어떠한 대안도 찾을 수 없다. 성장이라는 가치에 위배되기 때문이다. 그러나 역성장 지지자들은 이러한 경제 모델 대신에 나눔, 흥겨움, 공동선이라는 원칙을 기반으로 대안적인 생활양식을 세우고자 한다. 생태경제학자 요르고스 칼리스Giorgos Kallis와 그의 동료들은 다음과 같이 말한다. "지속 가능한 역성장은

* 나는 소비자운동의 한계를 지적했을 뿐, 소비자운동을 그만두어야 한다고 말하는 것이 아니다. 한계가 있다 하더라도 우리의 삶에서 우리가 지킬 수 있는 것들을 지키고, 할 수 있는 것들을 하는 것이 더 옳다고 생각한다.

생산 및 소비의 규모를 공정하게 줄임으로써 지역과 세계 규모에서 장단기적으로 생태학적 조건을 향상하고 인간 행복을 증진하는 것으로 정의할 수 있다."[33]

이러한 관점에서 노동시간을 줄이는 일이 하나의 해법이 될 수 있다. 노동시간이 길 경우 노동자들은 피로하고 그래서 더 많은 낭비를 자행하기 때문이다. 대표적으로 배달음식이 여기에 해당된다. 배달음식은 돈의 측면뿐 아니라 환경오염의 측면에서도 더 많은 낭비를 의미한다. 배달음식을 담는 수많은 플라스틱 용기와, 배달 오토바이로 인한 환경오염, 그리고 (원래는 필요하지 않았을 수많은) 노동력. 노동시간을 연구하는 영국의 학자인 윌 스트런지Will Stronge와 카일 루이스Kyle Lewis는 "우리가 노동시간을 크게 단축해야 하는 건 우리가 하는 노동이 너무나도 탄소집약적이기 때문일 뿐만 아니라 노동생활의 끄트머리에서 일어나는 소비 때문이다"라고 단언한다.[34]

역성장의 관점에서는 다양한 해결책이 상상되고 시도될 수 있다. 예를 들어, 수많은 플라스틱 용기들. 소비자의 관점에서는 소비자들이 텀블러를 들고 다니고, 각자의 음식 용기를 가지고 식당을 방문하여 포장하는 방식이 대안으로 제시된다. 그러나 이는 반쪽짜리 대안이다. 문제는 쓰고 버리기에 딱 좋을 정도로 너무나 저렴한 플라스틱 용기의 가격 자체에 있다. 만약 가격에 쓰레기 처리 비용까지 포함한다면, 플라스틱 용기의 판매가는 높아질 것이고 많은 업체들과 소비자들은 다른 방법을 고안할 수 있다. 그러나 현재는 그렇지 않기 때문에, 몇몇 사람만이 플라스틱을 사용하지 않으려 노력할 뿐이고 그 노력은 플라스틱을 사용하는 많은 사람들에 의해 무의미해지고, 퇴색된다.

결국 문제는 생산이고, 판매하는 구조에 달려 있다. 소비자는 물건의 값을 지불하는 사람이지만, 구조의 패러다임을 변화시킬 수는 없다. 아무리 우리가 친환경적 소비를 한다 하더라도, 친환경한 소비를 하지 않는 수만 명의 사람들이 존재할 때, 우리는 패러다임을 변화시킬 수 없다. 따라서 우리는 생산의 변화를 요구해야 한다. 단기적인 이윤에 치중하지 않는 생산의 방식을 상상해야 한다. 우리의 이윤을 돈 그 자체에 둘 것이 아니라, 돈으로 계산될 수 없는 가치들에 두어야 한다. 그리고 그 과정에서 '지속 가능한 소비'를 찾을 것이 아니라, 가능하다면 소비를 줄여야 한다. 그래야 구조를 변화시킬 수 있다. 지속 가능한 소비란 없다.

8.

그러나 많은 경우에 소비는 재생산 노동시간을 단축시키기 위한 어쩔 수 없는 선택이다. 5장에서 언급했듯, 돌봄은 나의 생활시간에 우발적으로 끼어든다. 갑자기 기저귀가 필요하고, 갑자기 분유가 필요한 순간이 있다. 12시 이전에만 주문하면 아침 7시까지 배송해주는 쿠팡의 로켓배송이 만성적인 시간 부족에 시달리는 여성들에게는 하나의 숨통이 되었을 것이다.

이렇게 가사노동이 상품화되는 경향은 서구 자본주의 발전 초기 단계에서도 관찰된다. 자본주의 이전 시기에 가정은 자급자족으로 생계를 꾸려나갔다. 옷감을 만들어 옷을 만들어 입고, 텃밭에서 식재료를 길러 음식을 만들고 하는 일련의 행위들이 가정 내에서 해결되었다. 그러나 옷감이 상품화되면서, 다시 말해 옷감의 제조가 집에서 공장으로 이동하면서 많은 사람들이 임금노동자가 됨과 동시에 소비자가 되었다. 임금노동을 하면서 동시에 자급자족을 하기에는 시간과 편의시설이 부족했기 때문에 여성들은 소비자가 될 수밖에 없었다.[35]

예전에는 가정에서 했던 많은 분야들이 점차 하나의 상품이 되어가고 있다. 우리 어머니 세대만 해도, 그들은 임금노동을 하면서 가사노동을 했다. 그들에게는 선택지가 별로 없었다. 당시만 해도 가사노동을 구매하는 선택지란 '가정부를 고용하는 것' 말고는 대안이 없었기 때문이다. 하지만 이는 (가정부에게 지출해야 하는 돈보다 더 많은) 돈을 버는 사람들의 이야기였고, 가정부와 유사한 급여를 받는 이들에게 있어서 가정부를 고용한다는 것은 자신의 돈을 전부 가정부에게 가져다주는 것을 의미했으므로, 이들은 그저 자신의 시간을 쪼개고, 자신의 몸을 쉬지 못하게 함으로써 이 문제를 해결해왔다.

그러나 지금은 다르다. 월 단위로 계산되었던 가정부 임금은 이제 시간 단위로 쪼개져, 우리는 이들을 시간제로 부를 수 있게 되었다. 일주일에 2시간씩 두 번 이런 식이다. 가사노동 또한 세분화되어 잘게 쪼개져 각각 상품화되었다. 대표적인 예시로 '빨래'가 있다. 내가 처음에 세탁구독 서비스에 대한 이야기를 들었을 때, 나는 솔직히 '도대체 누가 돈을 주고 세탁을 한단 말이야?'라고 생각했다. 하지만 맞벌이 가정인 내 동료 중 하나는 세탁 서비스를 추천하면서, 집에서 내가 하는 것보다 전문적이라는 점에서, 그리고 집 앞까지 세탁물을 가져다준다는 점에서, 보다 중요하게는 가사일을 누가하느냐를 가지고 파트너와 싸우지 않아도 된다는 점에서 혁신적인 서비스라고 칭찬하며 우리에게 사용을 권유했다. 그 외에도 몇 년 사이에 많은 것이 바뀌었다. 밀키트 전문점의 성행이나 배달서비스의 발전은 가사노동 상품화의 한 양상이다.

그리고 지금, 돌봄마저도 하나의 상품이 되어 우리는 구매해야만 하는 상황에 처했다. 물론, 여기에도 내가 얼마나 많은 부를 소유하고 있느냐에 따라 몇 가지 선택지가 존재한다. 돌봄 역시 상품이기 때문에 돈이 많을수록, 우리는 양질의 돌봄을 구매할 수 있다. 한 명의 돌봄자가 적은 수의 아이를 돌볼수록, 돌봄의 질이 좋아지기 때문에 얼마나 많은 아이를 돌보는지에 따라 금액이 달라진다. 우리는 일을 하기 위해서 아이를 돌볼 사람을 구하는 데 적지 않은 돈을 사용해야 한다. 많은 페미니스트들이 돌봄노동의 분담을 주장하고, 많은 여성들이 여기에 동의함에도 관철되지 못하는 까닭, 실천되지 못하는 까닭은 돌봄노동이 상품화됨에 따라 모두가 노동자로 살아가야만 하는 이 세상에서 실질적으로 아이를 돌보는 일이, 분담으로 해결되지 않는 '돈'의 문제로 자리 잡기 때문이다.

　자본주의는 모든 것을 상품화한다. 문제는, 이제까지 상품화되지 않았던 영역이 가정의 영역이라는 점이다. 일단 돌봄의 자질은 엄마의 자질로 여겨지기 때문에 여성이 발전시켜야 하는 능력이 아니라 여성이라면 자연적으로 가지고 있는 능력으로 간주된다. 이로 인해 돌봄의 특성을 가진 직업들은 하나같이 최저임금 수준의 저임금에, 노동강도가 높다. 문제는 돌봄이라는 영역이 제조업이나 기타 노동과는 다른 특성을 갖는다는 것이다. 그래서 '돌봄'은 상품화라는 자본주의의 전략과 완벽하게 들어맞지 않는다. 연이어 발생하는 아동학대 사건들은 돌봄 서비스 영역이 자본주의의 상품화에 균열을 야기하고 있음을 명징하게 드러낸다.

페미니스트 정치경제학자 낸시 프레이저Nancy Fraser도 이를 지적한다. 노동자들은 '재생산(돌봄)'을 스스로 수행해야만 했고, 이로 인해 자본과 돌봄은 끊임없이 모순을 일으켜왔다. 자본주의 사회의 시간 체제는 역사적으로 발전하고 진화해왔다. 첫번째는 19세기 경쟁 자본주의 체제다. 이 시기에 노동자들은 적은 임금을 받으면서도 스스로 재생산을 해야만 했다. 자본가들은 분리된 영역이라는 이데올로기를 만들어내어 여성이 가족을 담당해야 한다고 주장했으나 실제로는 노동자들의 임금이 턱없이 낮아, 이 시기에는 대부분의 가정에서 여성과 아이들 모두가 열악한 환경에서 임금노동을 해야만 했다. 두번째는 20세기 국가관리 자본주의 체제로, 국가와 기업이 가족복지를 제공하여 가족의 영역을 여성이 담당하도록 했다. 그러나 이때에도 실제 가족임금을 받는 노동자들의 수가 극히 적어 많은 경우에 여성들도 임금노동을 해야만 했다. 마지막 체제는 지금 이 사회의 현대 자본주의 체제, 즉 신자유주의 체제라고 볼 수 있다. 지금의 사회에서는 여성과 남성 모두 임금노동을 수행하면서 동시에 가족돌봄을 하도록 요구받는다. 임금이 높은 가족은 돌봄노동을 구매하지만 그렇지 못한 가족은 여성이 자신의 돌봄노동을 판매하여 가족을 먹여 살려야 한다. 우리 또한 이러한 선택지에서 결코 자유로울 수 없다. 결국 돌봄의 위기는 자본주의의 위기이자 우리 자신의 위기다.[36]

9.

그런데 자본주의 사회에서 '상품화'의 다른 표현은 '민주화'다. 자본주의 사회에서는 (어떤 불이익을 감당할 마음만 먹는다면) 우리가 어떤 계급인지와는 관계없이 모든 것을 살 수 있기 때문이다. 페미니스트 정치경제학자 어슐러 휴즈 **Ursula Huws**는 부르주아 가정의 가사노동 수준이 어떻게 '민주화'되는지 지적한다. 부르주아 가정은 가정부를 고용함으로써 집 안을 깔끔하게 유지한다. 그러나 이 당시에 그렇게 할 수 있는 가정은 많지 않았기 때문에 이러한 깔끔함은 '사치'로 받아들여진다. 그러나 이내 가정을 깔끔하게 유지하게 하는 전자제품 등이 발전하고 대량생산을 기반으로 점차 저렴하게 상품들이 공급되면서 노동계급의 상층부도 이 물건들을 구매할 수 있게 되었으며, 이에 따라 상류층의 전유물이었던 이 '깔끔함'은 사치가 아닌 생활수준의 향상으로 의미가 전환된다. 이후 점점 더 많은 사람들이 가정을 깔끔하게 유지하고 싶어 하기에, 가전제품들은 점차 '필수적인 것'으로 자리 잡아 없는 사람이 '이상한 사람'이 되는 시점이 온다. 이제 모든 사람들이 이러한 가전제품을 가지고 있는 것으로 간주되면서, 이전과는 다른 공간적 배치가 표준으로 자리 잡게 된다.

한국에서는 아파트 내부의 주방 공간 배치를 통해서 이

를 추적해볼 수 있다. 내가 어린 시절 살았던 아파트는 1997년도에 지어졌는데, 당시에는 주방 옆에 딸린 베란다에 냉장고와 세탁기의 자리가 존재했다. 당시만 해도, 많은 사람들이 단문형 냉장고와 통돌이 세탁기를 쓰고 있었기에, 공간 또한 해당 가전제품에 맞게 설계되었다. 그러나 시간이 흐르고, 우리 집이 냉장고를 교체해야 할 시기가 되었을 때 냉장고의 대세는 양문형이었다. 우리 집도 양문형 냉장고를 샀지만, 원래 냉장고가 있던 공간에 그 거대한 냉장고가 들어가지 않았기에 우리는 냉장고를 주방 한구석에 두어야 했다. 이후 부모님이 2011년도에 지어진 아파트로 이사했을 때, 냉장고가 들어갈 공간은 단문형이 아닌 양문형에 맞추어 설계되어 있었고 우리는 그 공간에 냉장고를 둘 수 있었다. 그리고 이전에 없던 오븐과 가스레인지가 빌트인으로 설치되어 있었다. 그때까지만 해도, 에어컨을 항시 틀어놓아야 할 만큼 여름이 덥지는 않았기에 방마다 에어컨이 설치되어 있지는 않았지만 최근 지어지는 아파트는 방마다 시스템에어컨이 설치되어 있으며, 여기에 더해 식기세척기 또한 빌트인으로 구비되어 있다. 그리고 아마 그만큼 집은 더 비싸졌을 것이다.

이제 아파트에 입주하는 사람들은 아마 양문형 냉장고가 필수라고 생각할 것이다. 냉장고 자리에 맞지 않은 냉장고를 들여, 공간의 비효율을 초래할 수는 없지 않은가. 그래서 휴즈는 '반드시 소유하고 있을 것이라 가정되는 상품들'의 목록이 늘어가는 상황에서, 노동자들이 소비 욕구 때문에 임금 노동에 더욱더 얽매이게 됨을 지적한다. 이러한 상품들의 목록이, 보드리야르가 지적했듯, 문화적 계급화를 반드시 포괄하기 때문에 우리가 어떤 물건을 구매할수록, 필수 목록은 더 비싸고 더 희소한 쪽으로 이동하고, 우리는 결국 집을 더 깨끗하게 정리하기 위해서, 누군가를 돌보기 위해서 등의 이유로 더 많은 물건을 구매해야 한다.

이에 더해 전자제품 회사들은 소비자를 독점하고자 각 전자제품들이 타사의 제품들과 잘 호환되지 않도록 하여 결국 자사의 제품을 구입하도록 유도한다. 대표적으로 애플사가 이러한 전략을 취하고 있다. 내가 쓰는 전자기기는 대부분이 애플이다. 나는 새로운 전자기기를 구매해야 할 때마다 혹은 새로운 기기를 구매하고 싶어질 때마다 내가 어쩌다가 이러한 먹이사슬로 끌려들어 왔는지 생각한다. 시작은 단순했다. 드라마 대본을 쓰던 무렵의 일이었다. 인터넷을 돌아다니다가 나는 대본, 논문 등 긴 글을 쓰는 데 매우 적합한 프로그램이 있다는 것을 알게 되었다. 문제는 그 프로그램이 윈도우가 아니라 맥에서만 사용할 수 있다는 것이었다. 마침 가지고 있던 노트북의 수명이 다해● 새로운 노트북을 구매했어야만

●   정말 수명이 다했을까? 나는 늘 내가 전자제품이 고장 났을 때
      바꾸는 것인지, 아니면 새로운 상품을 사고 싶은 마음에 소소한
      고장을 사망으로 넘겨짚은 것은 아닌지 궁금하다. 그러나 갑자기

했고, 엄마는 "내가 사주는 마지막 노트북"이라며 내게 맥북을 사주셨다.

정말 그때까지만 해도 이게 끝일 줄 알았다. 하지만 그러고 나니, 내가 사용하던 무선마우스의 감도가 떨어졌다는 사실을 알게 되었다. 처음에는 마우스가 고장 난 줄 알았고, 그래서 새로운 마우스를 구매했지만 뭔가 맞지 않은 옷을 착용한 듯 불편했다. 알고 보니, 맥북에는 애플사의 마우스를 써야 했던 것이다. 애플사의 액세서리들은 보통의 물건들보다 많이 비쌌지만 어쩔 도리가 없었다. 그래서 마우스를 샀다. 이런 식으로 키보드도 샀다. 그리고 그들과 함께 석사논문을 썼다. 그러자 이제는 노트북이 점점 맞이 가기 시작했다.* 하지만 이제는 내게 무언가를 선택할 수 있는 권한이 없었다. 나는 이미 맥북에 맞추어 많은 프로그램들을 구입한 뒤였고, 윈도우로 간다면 이 프로그램들을 전부 다시 사야 할 판이었다. 나는 다시 맥북을 샀다. 그러는 사이 내 핸드폰은 아이폰

* 노트북이 사망하게 되면, 나의 계획에 차질이 생기므로 나는 언제나 완전히 고장 나기 전에 노트북을 바꾸곤 한다. 게임도 안 하고, 그저 논문을 보고 인터넷 서핑을 하며 글만 쓰는 내 노트북은 왜 5년을 채 넘기지 못하는 것인지 의아하다. 노트북의 수명은 도대체 얼마인가? 많은 사람들은 시간이 지날수록 전자제품의 내구성이 떨어지고 있다고 의심한다. 과거에 구매한 냉장고는 몇십 년을 써도 끄떡없었지만, 최근의 냉장고는 자주 고장 난다는 것이다. 물론 전자제품 회사는 이러한 음모론(?)을 결코 인정한 적이 없다.

으로 바뀌었고, 아이패드도 생겼다.

　물론 나는 이 모든 것을 '일시불'로 구매할 돈이 없었다. 약 200만 원 수준의 월급을 받고 있던 내가 어떻게 250만 원짜리 노트북을 구매하고, 100만 원짜리 아이폰을 살 수 있었겠는가. 많은 노동자들이 그렇듯, 나 또한 재생산에 필요한 정도, 다시 말해 '지식노동자로서 가지고 있을 것이라고 가정되는 필수적인 물건들'을 다 구매할 수 있을 정도의 임금을 받지 못했고, 그래서 어쩔 수 없이 신용의 도움을 받아 상품을 구매했다. 24개월 무이자 할부가 나의 소비의 원천이었다. 나는 입사와 동시에 노트북을 24개월 할부로 구매했고, 퇴사와 동시에 노트북의 완전한 소유권을 부여받았다. 이따금씩 나는 '노트북을 사기 위해 일하는 것인가' 아니면 '일하기 위해 노트북을 산 것인가' 사이에서 비릿한 감정을 느꼈다.

10.

이처럼 우리는 부족한 임금을 부채로 충당한다. 하지만 많은 경우 부채는, 뱁새가 황새를 따라가려다 가랑이가 찢어진 것이 아니다. 우리가 무절제한 소비 욕구를 가지고 있기 때문이 아니라, 우리가 버는 돈보다 더 많은 돈을 사치와 향락에 쓰고 있기 때문이 아니라, 앞에서도 언급했듯 우리가 필수적으로 가지고 있어야 한다고 여겨지는 상품 목록이 증가하고 있기 때문이다. 이 상품에는 지금은 필수적이 되어버린 노트북, 스마트폰과 같은 전자기기도 있지만 아주 기본적으로는 임금노동을 하기 위해서는 반드시 필요한 거주 공간과 이동수단, 음식, 교육도 포함된다. 그리고 당신이 여성이라면, 당신이 한때 구매했거나 지금 구매해야 하는 생리대까지도.

　이 모든 상품들은 우리가 임금노동을 하기 위해서는 반드시 구매해야만 하는 것들로, 실상 노동자인 우리에게 선택지는 존재하지 않는다. 그렇기에 급진적으로 말하자면, 우리는 이 모든 것을 구입할 수 있는 만큼의 임금을 받아야 한다. 왜 회사는 출근 비용을 우리에게 지불하지 않는가? 나는 놀러 가는 게 아니라 일을 하러 가는 것인데? 왜 회사는 식사를 제공하지 않는가? 우리는 일을 하기 위해 밥을 먹는데? 이 모든 비용을 마르크스주의에서는 '재생산 비용'이라고 칭하는데, 자본주의는 지금까지 재생산 비용을 노동자에게 떠넘기는 방식으로 이윤을 얻어왔다.

　하지만 여전히 우리는 그만큼의 돈을 받지 못하기 때문에, 우리는 신용 없이, 부채 없이 임금노동을 수행하기 어렵다. 그렇기에 우리는 원하든 원하지 않든 금융화의 주체로 신자유주의의 행위자가 된다. 이번에 대출 금리가 오르기 전까지만 해도 나는 나 자신이 금융화의 주체라는 사실을 모르고 있었다. 나는 아직 노후를 걱정해야 할 나이가 아니기 때문에 자산을 형성하는 일에 딱히 관심이 없었으며,● 실제로 나의 계급적 배경 때문에 내가 빚을 감당해본 적도 거의 없어서 나는 금융화가 아직 포섭하지 못한 수많은 몸들 중 하나일 거라고 착각했다.

  그러나 내가 자산을 형성하는 것에 관심이 없다 하더라도, 이번 기회에 나는 내가 대출을 받고 있다는 사실, 그리고 내가 종종 스스로 감당하기엔 비싼 물건을 구입하기 위해 신용카드를 써야 한다는 사실, 그리고 아주 기본적으로는 내가 그저 예금통장을 가지고 있다는 사실로 인해 내가 원하든 원하지 않든 신자유주의 금융화의 구성원임을 자각했다. 나는 돈을 아끼기 위해서 응당 모든 대출상품을 섭렵해 적은 이자를 낼 방법을 고안했어야 했고, 그렇게 내 지출을 줄였어야 했다. 나는 돈에 관심이 없고, 그래서 금융의 언어에 익숙지 않고, 익숙지 않기 때문에 사용하지 않는다 생각했고, 그래서 내가 금융 시스템에 포섭되기를 거부하는 인간이라 자만했지만 어찌 되었건 나는 은행을 이용하고 있는 고객이라는 점에서 이미 금융화의 주체였던 것이다.

  내가 주식을 하지 않아도, 코인을 하지 않아도, 마이너스 통장이 무엇인지 몰라도, 실상 통장 하나 없이 임금노동을 수

● 　이는 지금 내가 받는 급여가 자산을 형성하기에는 너무나 빠듯했기 때문이기도 했다. 혼자 서울에서 사는 20대 여성이 200만 원 남짓한 급여를 받으면서 무슨 자산을 형성한단 말인가?

행할 수는 없으므로, 다시 말해 통장 하나 없이 이 세상을 살아갈 수는 없으므로 우리는 의식하든 의식하지 않든 세상의 이런 흐름에 편승해 있다. 은행은 우리가 입금했으나 지금 당장 사용하지 않는 돈들을 모아 대부 가능한 자본으로 형성한다. 이후 돈이 필요한 사람들에게 대출을 시행하여, 자금 흐름의 유동성을 창출하고 이를 통해 이윤을 획득하는 은행은 또 하나의 자본주의 기업이다. 즉, 우리가 잠시 은행에 맡겨둔 돈은 은행의 이윤창출 수단이 되고, 그런 점에서 단순히 통장을 만들었다는 사실 하나만으로도 우리는 금융 시스템에 포섭되어 있는 존재가 되고 마는 것이다.

이러한 은행업에 있어서 놀라운 점은 이러한 시스템을 단순히 "자신의 신용도에 기반해 이루어냈다는 사실"이다.[37] 쉽게 말해 은행은 신용을 기반으로 하는 사회적 약속 위에서 작동한다. 우리가 월급을 받으면, 우리는 그 돈을 실제 지폐로 받아보지 않았다 하더라도 시스템상의 숫자를 통해 우리가 돈을 가지고 있음을 확신한다. 왜냐하면 내가 원할 때면 언제든 은행이 그 돈을 나에게 지불할 것이기 때문이다. 만약 지불이행에 대한 신뢰가 없다면, 우리는 은행에 돈을 맡기지 않을 것이다. 우리는 은행이 파산하지 않을 것이라 확신하고, 그렇기 때문에 은행에 돈을 맡긴다.•

• 그러나 우리가 이미 2008년 금융위기에서 한 번 겪어냈듯,
  은행업이 번창할수록 은행은 자기 자신도 알지 못하는 리스크를

11.

하지만 어디까지나 부채를 통해 재생산 비용을 감당할 수는 없는 일이다. 그래서 현대사회는 우리에게 소비하라는 명령을 넘어, 투자하라는 지상 최대의 과제를 떠넘긴다. 다시 말하지만, 이는 우리가 소비해야 할 물건들의 목록이 점차 길어지고 있다는 점에서 기인한다. 우리는 원래 이러한 상품을 구매하는 데 필요한 돈을 임금으로 지급받아야 하지만, 기업들은 그럴 마음이 없고, 우리는 돈을 '빌려' 이를 감당한다. 결국 소비하라는 명령에서 투자하라는 명령으로 이동한 것은, 이러한 임금의 부족분을 투자를 통해 메꾸라는 이데올로기적 수사다. 임금이 부족하다고? 그럼 투자를 해서 네 돈을 불려. 우리한테 요구하지 말고.

상황이 이렇게 되자 바야흐로 투기의 시대가 도래했다. 그리고 확실히 언론이 이를 부풀렸다. 언론은 모두가 하고 있다는 언설을 유포함으로써 노동자들에게 너 말고 안 하는 사람은 없어, 넌 뒤처지고 있어, 라는 암시를 주었다. 나는 한동

확대하고 재생산한다. 그래서 은행은 사실 하루아침에 망할 수도 있다. 한국의 경우, 1997년 금융위기보다 큰 타격을 입지 않고 넘어갔지만, 미국과 유럽의 경우 몇몇 주요 은행들이 말 그대로 '망했다.' 이에 대해서 궁금한 사람이 있다면, 데이비드 맥낼리, 『글로벌 슬럼프: 위기와 저항의 글로벌 정치경제 이야기』, 강수돌·김낙중 옮김, 그린비, 2011을 참고하라.

안 내가 (학계라는) 특수한 집단에 속하기 때문에, 내가 사회적인 흐름을 잘 파악하지 못하고 있는 것인지, 아니면 특정 사람들의 투기문화가 청년들의 보편적인 문화로 확대해석된 것인지 고민했다. 결국 투자를 할 수 있다는 것은, 어찌 되었건 그 정도의 여유자금이 있거나 빚을 낼 만한 신용이 있어야 하기 때문이다. 모두가 마이너스통장을 뚫을 수 있는 만큼의 신용도를 가지고 있는 것은 아니다.•

아무튼 이 과정에서 비트코인이 한몫을 한 것도 사실이다. 인터넷 커뮤니티에서 "과거의 나에게 하고 싶은 말이 있다면?"이라는 게시물이 올라올 때마다 나는 "비트코인을 사라고 말할 것이다"라는 댓글을 보았다. 그리고 실제로 내 지인 중 하나도 그와 비슷한 말을 했고, 내가 후에 시청한 〈굿와이프〉(2009)라는 미국 드라마에서 비트코인이 잠시 스쳐 지나가듯 언급되었을 때, 나 또한 이걸 예전에 보았다면 비트코인을 살 수도 있었을 텐데, 라는 생각을 했다. 그만큼 비트코인은 예상치 못한 대박이었고 로또였다.

• 처음에 나는 너무나 쉽게 내가 특이한 그룹에 속해 있기 때문에 나의 주변인들에게게서 그러한 경향성이 관찰되지 않는다고 생각했지만, 나의 동료 황유나는 나에게 정말로 모두가 하고 있는 것이 맞는지, 투기란 결국 일정 수준의 자원을 획득한 사람만이 시도할 수 있는 것이 아닌지 의구심이 든다고 말했다. 우리는 이야기를 나누면서 무엇이 사실인지 결론지을 수 없었지만 나는 그의 관점과 문제의식이 중요하다고 생각하고, 그래서 여기에서 이 점을 짚었다.

2017년 비트코인이 폭등하고, 암호화폐의 존재가 세상을 떠들썩하게 했을 때, 누군가 그저 미래를 예견했다는 이유만으로 돈방석에 앉아 나의 자산이 자산을 불려나가는 모습을 관망하며 즐거워하고 있을 때, 그렇지 못했던 많은 사람들은 코인의 가치를 알아보지 못한 자신을, 무에서 유를 창조하지 못한 자기 자신을 책망했고 그들 중 일부는 그러한 흐름에 편승했다. 예측하지 못할 코인의 등락 속에서 사람들은 '왜 노동을 해야 하는가'에 대한 근본적인 의문을 제기하고 있었다. 노동을 통해 자산을 획득할 수 없다면, 자산을 잠시 빌리면 그뿐 아닌가. 인생은 어차피 모 아니면 도. 자산을 만들기 위해 나를 갈아 넣던 시대는 지났다. 나의 이익률은 나의 이자율을 상회할 것이다. 빠르게 파도를 타기만 한다면, 나는 나의 빚을 전부 갚을 수 있을 것이다.

　　그러나 투기의 경향에도 계급에 따른 차이가 관찰된다. 얼마 전 어느 연예인은 6호선 상수역과 2호선 합정역 가까이에 위치한 한 빌딩을 65억 원에 매입했다. 예상하기로는 약 50억 원 정도의 대출을 낸 것으로 추정된다. 15억의 자산과 50억의 대출이 만들어낸 마법이었다. 이제는 과거처럼 50억을 어떻게 갚을 것인가 하는 생각은 중요하지 않다. 시간이 해결해줄 것이다. 목 좋은 곳에 있는 건물은 나의 이자율을 상회하여 값이 오를 것이고, 결국 나는 이 돈을 다 갚고도 남는 장사를 할 수 있게 된다. 실제로 재테크를 잘하기로 유명한 다른 연예인은 2013년 37억 원에 한 건물을 구입했다. 이 중에서 순수하게 그가 가지고 있던 돈은 약 8억으로 추정된다. 나머지는 상가 보증금 3억과 대출 26억이었다. 그는 4년 뒤인 2017년에 60억 8천만 원에 이 건물을 되팔아 23억 원의 수익을 남겼다.[38] 8억이라는 자산으로, 연예인이라는 프리미엄을 덧대어 23억의 수익을 남긴 것이다.

금융권이 자산이 있는 사람과 없는 사람 중에서, 리스크를 관리한다는 명목으로 자산이 없는 사람에게 더 많은 이자를 물리고 있으므로 투기의 경향에도 금융화의 경향에도 계급은 존재한다. 자산이 많은 사람일수록 은행권은 이를 '리스크가 적은 사람'으로 간주한다. 그래서 더 많은 돈을, 때때로 더 낮은 이자로 대출해준다. 그래서 자신의 자산을 상회하는 수준의 대출이 가능해지고 안정적인 투기를 시행할 수 있게 된다. 강남대로 한복판에 위치한 건물의 값이 시간이 지나면 오를 것이라는 예상은 누구나 할 수 있다. 그러나 우리에게 있어서 결정적인 문제는 그만한 돈이 없다는 사실, 그리고 그 누구도 우리에게 그만한 돈을 빌려주지 않을 것이라는 사실에서 기인한다. 정보는 있지만 우리는 투기하지 못한다.

그래서 좀더 여유자금이 많은 사람들은 (돈이 많을수록 상대적으로 안정적인) 부동산에, 여유자금이 없는 사람들은 주식과 코인에 몰두한다. 그리고 그보다 더 없는 사람들은 그저 이를 부러운 듯 혹은 관망하듯 바라보고 있을 뿐이다. 마이너스통장도 아무에게나 나오지 않는다. 은행은 내가 돈을 갚을 수 있는 사람인지 아닌지를 끊임없이 타진하기 때문에 내가 불안정한 노동조건을 가지고 있거나, 이미 부채가 너무 많은 경우 나에게 여유자금을 대출해주지 않는다.• 결국 자원이 많은 사람일수록, 조금 더 여유로운 사람일수록, 내가 가지고 있는 자산에 따라 안정적으로 더 많은 돈을 쥘 수 있는 곳들에, 그러니까 소위 투기가 아닌 '투자'가 되는 곳들에 미래의 가치를 예상하고 나의 자산을 배치할 수 있게 되는 것이다. 자본이 없는 사람들은 마이너스통장, 대출 등의 방법을 통해 가지고 있지 않은 자산을 만들어 좀더 위험하지만 수익률이 높은 곳에 투기한다.

더불어 이러한 투기의 흐름에는 계급화와 더불어 속도의 차이가 관찰된다. 많은 자금이 필요한 부동산 투기의 경우, 투기자금을 회수할 때까지 상대적으로 긴 시간이 요구된다. 따라서 긴 시간 동안 이자를 감당할 수 있는 사람만이 부

• 　그리고 아직 추가적인 연구가 필요한 부분이지만, 여기에서도 성차가 관찰된다. 건설업 활동가인 나의 지인은 나에게 젊은 건설노동자들이 모이기만 하면 코인이니 주식이니 하는 말들을 늘어놓는다고 한탄했다. 이미 몇천만 원을 투기한 사람들도 적지 않다는 것이다. 그러나 내가 20대 여성 불안정노동자를 인터뷰했을 때, 주식이나 코인을 하는 사람은 한 명도 없었다. 최근 윤석열 정부는 젊은 세대의 부채를 일부 탕감하는 정책을 발표했는데, 이 정책의 수혜자는 누구인지, 어떠한 자원을 가진 사람인지, 성별이 어떠한지에 대한 확인이 필요하다.

동산 투기에 덤빌 수 있다. 쉽게 말해, 이자를 감당할 만큼의
소득이 있는 사람이 시도할 수 있다. 그러나 주식의 경우, 배
당금이 아닌 주식 가격의 변동 과정에서 발생하는 환차익을
노리면 운이 좋은 사람의 경우 하루 만에도 이자를 상회하는
수익을 얻을 수 있다. 그래서 최근의 주식 투기는 소위 '단타'
를 통한 환차익을 목표로 하고 있으며, 코인은 그러한 환차
익만을 노리는 사람들이 참여하게 된다. 그러나 주식 가격이
나 코인의 분초 단위의 변동은 정보에 특히 민감하기 때문에,
(잠시잠깐의 변동을 노리는) 작전세력이 개입하는 등 그 위
험성이 배가 된다. 몇 초 단위로, 몇 분 단위로 누군가는 돈을
잃고 누군가는 돈을 얻게 되는 것이다. 이러한 단타 투기의
성행은 그러한 투기자금이 애초에 오랫동안 묵혀둘 수 없는
자금이었다는 의미이기도 하지만, 동시에 현대사회의 시간
성이 과거보다 빨라져 우리가 그만큼의 시간을 기다릴 수 없
게 되었다는 의미로도 독해할 수 있다. 부동산 거래의 시간도
점차 짧아지고 있기 때문이다.

12.

우리는 모든 것이 상품화된 시대를 살아가고 있다. 우리는 우
리가 원하는 게 무엇이든, 우리가 필요한 게 무엇이든 구매해

야만 하는 삶을 살아가고 있다. 그리고 세상은 점점 더 빨라지고 있다. 우리는 늘 시간이 부족하고 또 부족한데, 이러한 시간의 부족을 대개 상품을 구매함으로써 해결하고자 한다. 그러나 이렇게 상품을 구매하여, 나의 시간을 절약한다고 해서 문제가 해결되는 것은 아니다. 페미니스트 사회학자 하르트무트 로자는 사회적 가속이 자기 행위로부터의 소외를 낳는다고 지적한 바 있다. 우리는 속도의 명령이 지배하는 세계에서 욕망의 장기적 발전보다는 욕망의 단기적 실현을 추구하는 편이 낫기 때문에, 자꾸만 내가 (장기적으로) 하고 싶었던 일보다는 지금 당장 하고 싶은 일에 치중하는 경향이 있다.[39]

예를 들어, 나는 소기를 아주 잘 기르고 싶은데 가끔 돈만 있다면 소기를 유치원에 보내거나 도그워커(강아지를 산책시키는 사람)를 고용하고 싶다는 생각을 한다. 가끔 너무 피곤해서 그저 침대에 누워만 있고 싶기 때문이다. 물론, 그만큼의 돈이 없기 때문에, 그리고 실제로는 그렇게 하면 (나를 위해서건 소기를 위해서건) 좋지 않다고 생각하기 때문에 단순히 한순간의 상상 혹은 푸념에 그치지만 실제로 내가 소기를 강아지 유치원에 보낸다고 가정해보자. 나는 처음에는 소기가 없는 시간에 무언가 생산적인 일을 할 수 있을지도 모른다. 하지만 많은 시간에 나는 아마도 누워 있을 것이고, 넷플릭스나 왓챠를 보면서 누워 있을 것이고, 또 그냥 누워 있을 것이다. 내가 소기와 산책을 가면서 나눴던 교감은 온데간데없이 허공으로 사라지고 나는 결국 누워 있는 인간이 되어 나 자신을 소외시킬 것이다.

나는 자본주의 사회에서 내가 어찌할 수 없는 것과, 그렇기에 해야만 하는 것을 하면서 점점 소비적인 인간이 되고, 그러면서 부채를 지고, 금융화에 포섭되고, 금융화된 몸을 가지며 살아가게 되는 것은 아닌지 의심한다. 이를테면 나는 때때로 소기의 간식이 아직 많이 남아 있음에도 불구하고 인터넷에 들어가 소기에게 더 좋은 간식이 없을지 탐색한다. 소기를 잘 기르고 싶기 때문이다. 하지만 잠시 멈추어 생각해보면, 소기는 새로운 간식을 주는 것보다 나와 함께 산책하는 것을, 나와 함께 더 많은 시간을 보내는 것을 좋아할 것이다. 그렇다면 내가 지금 해야 할 일은 아직 충분히 많은 간식을 찾기 위해 시간을 보내는 일이 아니라 스마트폰을 내려놓고 소기와 많은 시간을 보내는 일일 것이다.

그래서 나는 모든 것이 상품이 되고, 모든 것이 빨라지는 이 사회에서 그저 그러한 사회가 추동하는 욕망에 귀 기울일 것이 아니라 한 템포 늦추고, 한 번 더 생각해보기를 바란다. 내가 바라는 나의 삶이 무엇인지, 나는 어떻게 살기를 바라는지, 나는 무엇에 행복을 느끼는지 끊임없이 고민해야 한다. 이러한 의심과 고민은 어떤 이가 보기에는 아무 의미 없는 것일 수 있지만, 나는 이러한 의심과 되돌아봄이 자본주의와 성차별주의의 균열을 드러낼 수 있다고 생각한다. 자본주의와 남성중심주의가 그들이 원하는 것만큼 우리를 주조하지 못한다는 것을 보여주어야 한다. 그리고 지금과는 다른 세상을 자꾸만 상상해야 한다. 우리는 조금 느리게 살 필요가 있다. 그리고 우리는 우리가 혼자가 아님을, 홀로 살아가는 것이 아님을, 함께할 누군가가 있음을 알아야 한다. 그리고 함께해야 한다.

나가며

출판사에서 이 책의 원고 청탁을 받았을 때, 나는 내가 원하는 내용을, 내가 원하는 방식대로 써도 된다는 이야기를 들었다. 연구자로서 글을 쓸 때는 '연구'라는 틀 안에서 통용되는 글쓰기 규칙을 지켜야 하기 때문에 내가 그러한 생각을 갖게 된 개인사에 대해서는 풀어낼 수 없었다. 일전에 썼던 단행본 또한 석사논문을 고쳐 쓴 글이었기 때문에 주제의식을 벗어날 수 있는 이야기는 쓸 수 없었다. 제한된 틀 안에서 덧붙이고, 고쳐 쓸 수밖에 없었다. 그러나 그 과정에서 내 안에 말들이 쌓였다. 최근 20대 여성들의 자살 생각에 대한 연구를 진행하면서, 더 많은 말들이 내 안에 쌓였다.

그래서 이 책을 쓰는 과정은 두근거리는 일이었지만, 동시에 두려운 일이었다. 어떤 이야기를 할지, 이야기를 어떻게 구성할지 모두 다 나에게 달려 있었다. 처음에는 여성 노동에 대한 이야기를 쓰려 했으나, 이내 그 일이 노동 보편에 대한 것이고, 그래서 내가 지금 쓸 수 없는 글이라는 사실을 깨달았다. 그리고 그런 책은 내가 보기에 의미가 없었다. 여성 노동에 대한 책은 많고, 내가 그 책들과 다르게 쓸 자신이 없었다. 그런 생각이 들자, 갑자기 무엇을 써야 하는지 감이 잡히지 않아 며칠간은 잠을 제대로 자지 못했다. 나는 꿈속에서도 글을 썼다. 그리고 꿈속에서 힌트를 얻었다. 며칠간은 잠자리에 누워 선잠을 오가면서도 갑자기 일어나 메모를 했다. 사람마다 글쓰기의 방식이 있지만, 나는 대체로 나 자신을 돌아보면서 글을 쓰는 편이기에 며칠 동안 나는 계속 나 자신에 대해 생각했다. 지금 내가 할 수 있는 말이 무엇일지, 내가 쓸 수 있는 말이 무엇일지 생각하면서 어떤 글을 쓰고 싶은지에 대해 고민했다. 그러한 지난한 고민의 결과가 바로 이 책이다.

나는 이 책을 통해서 지금의 나를 존재하게 한 두 가지 삶의 방식에 대해서 설명하고 싶었다. 첫번째는 마르크스주의다. 나는 대학에 들어와 마르크스주의를 접하면서, 자본주의와는 다른 세상을 꿈꿀 수도 있다는 사실을 알게 되었다. 그래서 혁명을 꿈꿨다.● 그러나 동시에 어떤 점에서 나는 매

●   이 당시 부모님과의 마찰이 제일 극심했다. 경상도에서 나고
      자라 이주한 노동계급인 부모님은 내가 하라는 공부는 하지 않고
      데모를 하러 다닌다고 생각했다. 당시 엄마의 가장 큰 걱정거리 중
      하나는 내가 '빨갱이'가 될 수도 있다는 두려움이었다(?). 대졸자
      부모를 둔 친구들은 젊었을 때는 마르크스주의에 심취해봐야 하는
      것이라며 관대하게 가족의 응원을 받았지만 나는 그렇지 못했다.
      대학 시절 이후 줄곧 나의 앎은 부모님의 가치관과 충돌했고
      갈등을 빚었다. 이러한 충돌에 대해 관심이 있는 사람은 『랭스로
      되돌아가다』(문학과지성사, 2021)를 참고하라. 저자인 프랑스
      철학자 디디에 에리봉은 노동계급에서 태어나 지식인으로 성장한
      소위 말하는 '개천의 용'으로, 자신의 계급정체성과 지식인 사회의
      충돌을 치열한 자기분석을 통해 드러낸다.

우 불편했다. 이를테면, 마르크스주의에서 폭력은 혁명을 위해서는 어쩔 수 없이 겪어내야 하는 것이었다. 실제로 많은 사람들이 어쩔 수 없지만 폭력혁명의 정당성을 이야기한다. 그러나 나는 동시에 폭력이 정당화될 수 있다는 그 말들이 불편했다. 모든 전쟁에서 모든 여성은 폭력을 '몸'으로 겪어낸다. 우리는 대개 여성들이 적군들에 의해서 무참한 짓을 당한다고 생각하지만, 사실상 전쟁 과정에서 자행되는 폭력은 적군에 의해서만 자행되지 않는다. 여성들은 자국 군인에 의해서 '순결이 짓밟혀졌다는 이유로' 혹은 '적군에게 순결을 바쳤다는 이유로' 강간당한다.[40]

나는 그러한 이분법적 인식이 늘 불편했다. 폭력 없이는 혁명도 없나? 둘 중에 하나를 선택해야만 하는가? 만약 내가 폭력적 혁명을 지지하지 않는다면 나는 온건한 노선을 택한 것이라는 이유로 수정주의자가 되고, 결국 어떤 의미에서 '진정한' 마르크스주의자가 될 수 없는 것인가? 나는 여성이기 때문에, 그리고 페미니즘을 지지하기 때문에, 그리고 나의 개인적인 경험 때문에 폭력에 예민했고 이 사실은 종종 거시적인 것을 보지 못하고 미시적인 것에만 집착하는 내 자질 부족으로 의미화되어 나를 자책하게 만들고 항상 나 자신의 한계를 되돌아보게 했다.

그러다 나는 페미니즘을 공부하면서, 나의 생각이 잘못된 것이 아니라는 사실을 깨닫게 되었다. 그래서 나는 나의 시각을 구성한 두번째 인식론인 페미니즘에 대해서도 이야기하고 싶었다. '들어가며'에서도 설명했지만 나는 페미니즘을 사랑한다. 다만, 나는 생물학적 여성이라는 이유로 모든 사람이 페미니즘적 시각을 가지고 있다고는 생각하지 않는다. 페미니즘적 시각은 단순히 여성으로 태어난다고 해서 획득되는 것이 아니라 삶을 살아가면서 끊임없이 자신을 되돌아보고 세상에 질문을 던지면서 훈련되고 학습된다. 그 지점에서 가장 고통스러운 것은, 어쩌면 내가 마주하기 싫었던 나의 민낯을 보게 된다는 것이다. 아무에게도 말하고 싶지 않았을, 나 자신에게도 보이고 싶지 않았던 나의 민낯들을 직시할 때, 우리는 성장한다. 그런 점에서 내가 보기에 페미니즘은 나르시시즘과 양립할 수 없다. 페미니즘적 시각은 나를 향한 자기애를 덜어내고 나서야 비로소 체현된다.

그래서 이 글은 철저히 '나'에 관한 이야기다. 내가 '들어가며'에서 이미 밝혔듯, 나는 나의 과거를 헤집으면서, 나의 무지를, 폭력을, 어쩌면 마주하기 싫었던 나의 모습을 반추하면서 이 글을 썼다. 그러나 나는 여전히 많은 것을 알지 못하고 그래서 삶의 어떤 순간에는 여전히 다른 존재들을 타자화한다. 내가 말한 많은 것들을 지키지 못할 때도 있다. 단적인 예로, 나는 소비를 줄이는 행위가 어떤 점에서는 소비자본주의의 경계를 직시하고 벗어나는 하나의 대안이 될 수도 있다고 말했지만, 내가 정말 필요에 따른 소비를 하고 있는지는 잘 모르겠다. 자본주의 시대를 살아가고 있기 때문에, 나 또한 소비자로 호명되며, 상품이 제공하는 이미지에 자주 휘둘린다. 특히 그것이 내가 아닌 내가 사랑하는 존재를 향하고 있을 때, 나는 많은 것들을 '그를 위해' 소비한다.

이 책을 통해서 내가 말하고자 했던 것은 내가 도덕적인 삶을 살아가려 노력하고 있다는 것이 아니라,◆ 우리가 변화할 수 있고, 변화해가고 있다는 사실이다. 몰랐던 것을 알게 되면서 불편해지는 순간을 우리 모두는 경험하며 살아간다. 때로 불편함을 넘어 고통이 되는 순간이 찾아오기도 한다. 소기를 기른 후부터, 나는 드라마건 영화건 동물이 등장하는 장면에서는 여지없이 고통을 느낀다. 동물권이 보장되지 않은 한국 사회에서 촬영을 하면서, 그리고 촬영이 끝난 이후에 동물들이 얼마나 스트레스를 받았을지 생각하면 마음이 아프고, 쓸모를 다한 이후 저 생명들이 어디로 갔을지 상상하기 두렵기 때문이다. 동물학대에 관한 뉴스나 시사 프로그램은 더더욱 볼 수 없다. 그런 인간이 되어버렸다. 그래서 육류 섭취도 줄이게 되었다.◆

- 실제로 이 책에서 재현된 나의 이미지와 실제 나의 삶은 동떨어져 있다. 나는 그런 사람이 아니다.
- ◆ 처음에는 페스코(우유, 달걀, 생선류까지는 섭취하고, 육류는 섭취하지 않는 것)를 시도해보았으나, 가족들의 열렬한 반대로 내 의지를 꺾을 수밖에 없었다. 한강의 소설 『채식주의자』(창비,

앎에 수반되는 불편함을 느끼지 않는 편리한 방법으로는 불편함을 타인에게 전가하거나 무시하는 것 혹은 공감을 차단하는 것이 있다. 그러나 우리가 다른 생명이 짊어진 고통에 응답하고자 한다면 우리는 불편을, 고통을 직시해야 한다. 내가 느끼는 불편함의 원인을 묻고, 그 답을 찾고, 내가 할 수 있는 일이 무엇인지 생각하고, 할 수 있는 최선의 행동을 삶에 적용해야 사회는 달라질 수 있다. 타인에게 특정한 삶의 방식을 강요하는 것이 아니라, 그가 느끼는 고통에 내가 일조하고 있는 것은 아닌지 되돌아보고 나의 삶을 먼저 변화시켜야 한다.

나는 이 글을 통해서 옳고 그름이 모든 상황에서 보편적으로 적용되는 개념이 아니라, 상황과 맥락에 따라서, 그리고 누구의 관점으로 보느냐에 따라 변화하는 개념임을 드러

2007)보다 온건한 방식이긴 했지만 소설은 큰 틀에서 '나'의 이야기였다. 내가 페스코를 하겠다고 선언하자, 가족들은 내게 고기를 먹이고자 부단히 노력했고 내가 아프기라도 하면 '고기를 먹지 않아서' 아픈 것이라며 잔소리를 늘어놓았다. 결국 내가 채식을 유지하기 위해서는 가족들과의 전쟁을 선포했어야 했는데, 나는 그렇게 하기보다는 가족들을 천천히 설득하는 편이 낫겠다고 생각했다. 그래서 나는 가끔씩 육류를 섭취한다는 입장으로 선회했고 가족들은 육류 섭취를 되도록 줄이고 있다. 그래도 소기 덕분에 성과는 있었다. 소기를 키우기 전까지만 해도 가끔 개고기를 먹고, 강아지를 안고 다니는 사람을 기이하게 쳐다보던 아빠는 이제 자발적으로 개고기를 먹지 않게 되었고 다리가 아픈 소기를 위해 가족들 중에서 제일 많이 소기를 안고 다닌다.

198

내고 싶었다. 그리고 그러한 글을 통해서 우리가 다른 생명의 고통을 어찌할 수 없는 것, 변화하기 위해서는 고통이 따르는 것으로 단순하게 타자화하는 것이 아니라 우리 모두가 덜 아픈 방식으로 변화를 상상할 수 있다는 사실을 지적하고 싶었다. 페미니스트로서 우리는 '야망보지'가 되기보다는 '야망'이 해체된 사회, 그것이 존재하지 않고 필요하지 않은 사회를 상상해야 한다.

그러나 내가 쓴 이 글들은 학술적으로 한계가 많다. 이를 테면, 나는 노동시간 단축이 실제로 환경을 좋게 만들 수 있는지에 대해서 확언할 수 없다.• 장시간 노동을 하는 가정에서 더 많은 탄소발자국을 만들어낸다는 연구는 있지만, 실제로 노동시간 단축이 우리의 환경을 나아지게 할지 알지 못한다. 그러나 이를 입증하지 않는다 하더라도, 상상을 통해 기대해볼 수는 있다. 시간이 없어 물건을 고치기보다는 새로 구입하는 현대사회에서, 우리가 여유로워진다면 우리는 많은 물건을 스스로 고치며 살 수 있을 것이다. 많은 사람들은 서로를 돌보며 살 수 있을 것이다. 우리가 일해야 한다는 강박에서 벗어난다면, 그래서 시간이 여유로워진다면 서로를 더신뢰하고, 주변 사람들에게 더 너그러워지고, 필요에 따른 소비를 하는 삶을 누릴 수 있을지도 모른다. 인간은 이기적이지

●   하지만 심적으로는 거의 '확신한다.'

않다. 그저 인간의 이기심을 자양분으로 작동하는 자본주의가, 이기적이지 않은 인간을 멍청하다고 비웃을 뿐이다.

　나는 그래서 조금은 거칠게 내가 가지고 있는 상상도를 이 책에서 펼쳤다. 나는 자본주의에 대한 비판을 근간으로, 여성학적 시각에서 노동을 연구한다. 나의 관심사는 이 책에서 썼듯, 여성, 계급, 자본, 시간, 생산, 그리고 소비와 부채다. 그래서 이러한 글이 탄생했다. 그러나 나와는 달리 인류학에 관심이 많거나, 자본에 관심이 많은 사람이라면 또 다른 상상을 할 수 있을지도 모른다. 나는 당신의 시각이 궁금하다. 나는 나의 글을 시작으로, 자본주의를 비판하고, 단순히 생물학적 '남성'이 아닌 남성중심주의를 비판하는 다양한 글들을 만날 수 있기를 바란다. 그리고 부디 이러한 글들이 쉽게 쓰여져 많은 사람들에게 읽히고 우리가 많은 장소에서 다양한 사람들의 이야기를 듣고 서로를 통해 배우면서 우리의 미래를 상상할 수 있게 되기를 기대한다.

주

1 이에 대해서 더 알고 싶다면, 다음을 참고하라. 한국여성민우회
성폭력상담소, 공생의 조건 토론회 자료집 『성폭력을 직면하고
다시 사는 법』(2012. 10. 10). http://v1.womenlink.or.kr/nxprg/board.
php?ao=view&ss%5bfc%5d=4&bbs_id=main_data&page=&doc_
num=4080

2 이소진, 『시간을 빼앗긴 여자들: 상상되지도, 계산되지도 않는 여성의
일과 시간에 대하여』, 갈라파고스, 2021.

3 도나 해러웨이, 『해러웨이 선언문: 인간과 동물과 사이보그에 관한
전복적 사유』, 황희선 옮김, 책세상, 2019.

4 이재훈, "철학자 강신주 "페미니즘은 수준이 떨어진다"," 『한겨레』
(2016. 9. 9). https://www.hani.co.kr/arti/society/women/760702.html

5 캐럴라인 크리아도 페레스, 『보이지 않는 여자들: 편향된 데이터는
어떻게 세계의 절반을 지우는가』, 황가한 옮김, 웅진지식하우스, 2020.

6 마사 누스바움, 『혐오와 수치심: 인간다움을 파괴하는 감정들』,
조계원 옮김, 민음사, 2015.

7 최근 부상하는 청년 남성들의 피해 경쟁 문화와 이를 정치적 자원으로
활용하는 정치인들의 전략에 대해 관심 있는 사람은 다음을 참고하라.
민가영, 「'피해' 개념의 재배치 시대에 여성주의적 개입을 위한 시론」,
『한국여성학』 제38권 1호, pp. 213~36.

8 이재연, "'75kg 남성'이 운전자 표준? 성평등하지 못한 자동차
안전," 『한겨레』(2020. 11. 1). https://www.hani.co.kr/arti/economy/
car/968037.html

9 캐럴라인 크리아도 페레스, 『보이지 않는 여자들』, pp. 204~17.

10 토머스 S. 쿤, 『과학혁명의 구조』, 김명자·홍성욱 옮김, 까치, 2013.

11 송옥진, ""대학이 특정기업 위해 직업교육 왜…" 서울대 반도체학과 설립 놓고 진통," 『한국일보』(2019. 5. 7). https://n.news.naver.com/mnews/article/469/0000386237?sid=102

12 조순경, "아무 말이나 해도 되는 '용기'를 어디서 얻었을까?," 『여성신문』(2005. 5. 12). https://www.womennews.co.kr/news/articleView.html?idxno=15662

13 샌드라 하딩, 『누구의 과학이며 누구의 지식인가: 여성들의 삶에서 생각하기』, 조주현 옮김, 나남, 2009.

14 김은주, 『페미니즘 철학 입문: 우리가 서로를 찾을 때까지』, 오월의봄, 2021.

15 고미송, 『그대가 보는 적은 그대 자신에 불과하다』, 푸른사상, 2010.

16 마사 누스바움, 『분노와 용서: 적개심, 아량, 정의』, 강동혁 옮김, 뿌리와이파리, 2018.

17 신준봉, "마트 계산원도 누군가의 아내·엄마다," 『중앙SUNDAY』(2021. 11. 13). https://n.news.naver.com/news/article/353/0000040941?sid=103

18 아네트 라루, 『불평등한 어린 시절: 부모의 사회적 지위와 불평등의 대물림』, 박상은 옮김, 에코리브르, 2012.

19 앙리 르페브르, 『리듬분석: 공간, 시간, 그리고 도시의 일상생활』, 정기헌 옮김, 갈무리, 2013.

20 바바라 아담, 『타임워치: 시간의 사회적 분석』, 박형신·정수남 옮김, 일신사, 2009.

21 E. P. Thompson, "Time, Work-Discipline and Industrial Capitalism," *Past & Present*, no. 38(1967), pp. 56~97; E. P. Thompson, "Folklore, Anthropology, and Social History," *Indian Historical Review*, vol. 3, no. 2, 1978, pp. 247~66. 해당 논문은 번역되어 출간된 바 없다. 그러나 인터넷에서 번역본을 찾을 수 있으니 관심 있는 분들은 구글 검색을

통해 읽어보시기를 바란다.

22 홍준헌, "쿠팡 인천 물류센터서 40대 계약직 쓰러져 사망," 『매일신문』 (2020. 5. 28). https://n.news.naver.com/mnews/article/088/0000649278?sid=001

23 전혜원 외, "쿠팡, 왜 에어컨도 없이 일했을까?," 『시사IN』 (2021. 7. 1). https://www.sisain.co.kr/news/articleView.html?idxno=44980

24 에바 페더 키테이, 『돌봄: 사랑의 노동』, 김희강·나상원 옮김, 박영사, 2016.

25 클라우디아 골딘, 『커리어 그리고 가정: 평등을 향한 여성들의 기나긴 여정』, 김승진 옮김, 생각의힘, 2021.

26 케이시 윅스, 『우리는 왜 이렇게 오래, 열심히 일하는가: 페미니즘, 마르크스주의, 반노동의 정치, 그리고 탈노동의 상상』, 제현주 옮김, 동녘, 2016.

27 하르트무트 로자, 『소외와 가속: 후기 근대 시간성 비판』, 김태희 옮김, 앨피, 2020.

28 장 보드리야르, 『소비의 사회: 그 신화와 구조』, 이상률 옮김, 문예출판사, 2015.

29 발터 벤야민, 『아케이드 프로젝트』, 조형준 옮김, 새물결, 2005.

30 에바 일루즈, 『낭만적 유토피아 소비하기: 사랑과 자본주의의 문화적 모순』, 박형신·권오헌 옮김, 이학사, 2014.

31 넷플릭스 다큐멘터리 〈검은돈〉(2018), 시즌 2 에피소드 "검은 황금."

32 넷플릭스 다큐멘터리 〈부패의 맛〉(2019), 시즌 2 에피소드 "아보카도 전쟁."

33 윌 스트런지·카일 루이스, 『오버타임: 팬데믹과 기후위기의 시대, 더 적게 일하는 것이 바꿀 미래』, 성원 옮김, 시프, 2021에서 재인용.

34 같은 책.

35 어슐러 휴즈, 『싸이버타리아트』, 신기섭 옮김, 갈무리, 2004, pp. 93~114.

36 낸시 프레이저, 「자본과 돌봄의 모순」, 문현아 옮김, 『창작과비평』
    175호(2017년 봄), pp. 329~53.

37 코스타스 라파비챠스, 『생산 없는 이윤: 금융은 우리를 어떻게
    착취하는가』, 송종운 옮김, 서울경제경영, 2020.

38 장민수, "공효진·하정우 등 연예인 건물주, 대부분 고액 대출로 투자,"
    『싱글리스트』(2020. 4. 21). http://www.slist.kr/news/articleView.
    html?idxno=150971

39 하르트무트 로자, 『소외와 가속』.

40 샤힌 아크타르, 『여자를 위한 나라는 없다』, 전승희·파르하나 라흐만
    샤시 옮김, 아시아, 2020.